新型职业农民培育工程规划教材

农民素养与现代生活

田海燕　杜家方　张荣杰　主编

中国农业大学出版社
·北京·

内 容 简 介

本书引入了大量的案例，尽量拓宽知识面，增加信息量，紧跟政策与科学技术的发展，通过案例分析，引入理论指导，做到实践与理论的结合，有利于对职业农民素养提升的理解。本书把涉及农业、农村和农民的政治、生产、科技、经营、环保、安保、生活、民风等方面的知识向农民朋友一一作了介绍，这在相关的涉农图书中具有极高的创新性。

本书内容深入浅出、通俗易懂、案例典型，对职业农民的素质培育具有很强的针对性和实用性，即可作为职业农民培育的培训教材，又可作为农村基层干部的短期培训教材，还可作为相关专业人员的参考用书。

图书在版编目(CIP)数据

农民素养与现代生活/田海燕，杜家方，张荣杰主编．—北京：中国农业大学出版社，2017.5

ISBN 978-7-5655-1817-1

Ⅰ.①农… Ⅱ.①田…②杜…③张… Ⅲ.①农民-素质教育-中国 Ⅳ.①D422.6

中国版本图书馆 CIP 数据核字(2017)第 114480 号

书　名　农民素养与现代生活

作　者　田海燕　杜家方　张荣杰　主编

策划编辑　张　蕊　　**责任编辑**　张　蕊

封面设计　郑　川　　**责任校对**　王晓凤

出版发行　中国农业大学出版社

社　　址　北京市海淀区圆明园西路 2 号　　**邮政编码**　100193

电　　话　发行部 010-62818525，8625　　读者服务部 010-62732336

编辑部 010-62732617，2618　　出　版　部 010-62733440

网　　址　http：//www.cau.edu.cn/caup　　**E-mail**　cbsszs@cau.edu.cn

经　　销　新华书店

印　　刷　北京富泰印刷有限责任公司

版　　次　2017 年 6 月第 1 版　2017 年 6 月第 1 次印刷

规　　格　787×980　16 开本　10.25 印张　186 千字

定　　价　34.00 元

编 写 人 员

主　编　田海燕　杜家方　张荣杰

副主编　高　静　魏焕志　程黔莉

编　者　杨海娟　王拥庆

前　言

我国正处于传统农业向现代化农业转化的关键时期，先进的农业科学技术、农业设施装备、现代农业的经营理念、美丽乡村建设等越来越多的融入到农业生产的各个领域，这个时代迫切的需要一批“懂技术、会经营、懂管理、重科技”的现代农民。本书以农民素质教育为重点，从新型职业农民的内涵特征出发，提出了对新型职业农民思想道德、科学文化、职业技能、法律法规、国家政策、美丽乡村建设等素养的要求，并据此设计和列举了不同专业方向的农民培育体系。

本书引入了大量的案例，尽量拓宽知识面，增加信息量，紧跟政策与科学技术的发展，通过案例分析，引入理论指导，做到实践与理论的结合，有利于对职业农民素养提升的理解。本书把涉及农业、农村和农民的政治、生产、科技、经营、环保、安保、生活、民风等方面的知识向农民朋友一一作了介绍，这在相关的涉农图书中具有极高的创新性。本书还详细阐述了新型职业农民资格认定的方法，产品的营销策略，品牌意识，创业经验等，为实施现代农民教育工程提供了较为翔实的实证案例，希望对现代农民培育体系内的农民继续教育工作者有所帮助。

本书内容深入浅出、通俗易懂、案例典型，对职业农民的素质培育具有很强的针对性和实用性，既可作为职业农民培育的培训教材，又可作为农村基层干部的短期培训教材，还可作为相关专业人员的参考用书。

由于时间仓促，编者水平有限，书中难免有纰漏与错误之处，请广大读者不吝赐教。

编　者

2017.03

目　录

模块一 应运而生的新型职业农民

一、农业现代化需要新型职业农民

(一)时代的呼声:新型职业农民产生的背景

随着农村劳动力大量向第二三产业转移以及新生代农民对土地的“陌生”,农村劳动者呈现出总量相对不足、整体素质偏低、结构不尽合理等问题。然而,新型职业农民将以“农业”作为固定乃至终身职业,是真正的产业继承人。培育新型职业农民不仅解决了“谁来种地”的现实难题,更能解决“怎样种地”的深层问题。

1.改变农业劳动力现状需要培育新型职业农民

农民作为发展现代农业的主体,近年来随着工业化、城镇化的快速发展,不断向城镇和二三产业转移,农村劳动力供求关系总体上已进入总量过剩与结构性、区域性短缺并存的阶段,农业劳动力老龄化、低文化、兼业化问题日益严重。农业现代化发展缺乏人才主体已成为制约我国现代农业健康、可持续发展的重要因素。之所以导致大量高素质农民转移就业,造成农村空心化、农业兼业化,主要原因是农业生产周期长、见效慢、收益低。

据2012年农业部全国统计数据:一是农业劳动力呈现低素质化。83%的农业劳动力为初中以下文化程度,接受教育的平均年限在7.3年,外流务工者多为较高文化水平者。二是农业劳动力老龄化现象严重,年龄主要集中在40岁以上。占全部从事农业生产人数的75.9%,平均年龄近50岁,部分地区甚至达到55岁以上。三是农业劳动力妇女化问题普遍,在农业劳动力中,男女比例约分别为37%和63%,农业劳动力妇女化现象日渐凸显。四是农村季节性缺工严重,受雇佣农业劳动者的比重由2003年的17.8%增加到2012年的28.9%,年均增加1.1个百分点。调查数据显示,农村季节性缺工现象严重;同时农业劳动力兼业化现象大量存在。

2.发展现代农业呼唤培育新型职业农民

我国正处于传统农业向现代农业转化的关键时期，大量先进农业科学技术、高效率农业设施装备、现代化经营管理理念越来越多被引入到农业生产经营的各个领域，迫切需要高素质的职业化农民。然而，长期的城乡二元结构，很多人认为，农民是一种生活在农村、收入低、文化水平低的群体，是贫穷的“身份”和“称呼”，而不是可致富、有尊严、有保障的职业。在工业化、城镇化的发展进程中，农民一夜之间发现，“农民”一样可以到城市挣钱，特别是青年农民对在农村种田已经彻底放弃，如果在城市扎不下根，到老了、干不动了，才会回到农村种田。另外，从农村出去的大中专学生，甚至农业院校毕业生也不愿意回到农村就业创业。如果不早做准备，及时应对，今后的农村将长期处于老龄化社会，“今后谁来种田”问题绝不是危言耸听。随着人口总量增加、城镇人口比重上升、居民消费水平提高、农产品工业用途拓展，我国农产品需求呈刚性增长。让13亿多中国人吃饱吃好、吃得安全放心，最终还得依靠农民，特别是要依靠高素质的新型职业农民。只有加快培育新型职业农民，使农民队伍的整体素质得到提升，农业问题才能得到很好解决，粮食安全才能得到有效保障，中国人的饭碗才能牢牢端在自己手里。

3.党和国家对新型职业农民培育的重视

2005年，农业部在《关于实施农村实用人才培养“百万中专生计划”的意见》中首次提出培养职业农民。

2006年，进一步提出招收10万名具有初中以上文化程度，从事农业生产、经营、服务以及农村经济社会发展等领域的职业农民。

2007年1月，《中共中央国务院关于积极发展现代农业扎实推进社会主义新农村建设的若干意见》首次提出培养“有文化、懂技术、会经营”的新型农民，同年10月将新型农民的培养写进党的十七大报告。

2012年，中央1号文件首次明确提出要大力培育新型职业农民，并启动实施新型职业农民培育试点工作，提出在3年内，选择100个试点县，培育新型职业农民10万人左右。

2013年，中央1号文件进一步强调要加强农业职业教育和职业培训。

2013年底，中央农村工作会议上，习近平总书记强调：“关于谁来种地，核心是要解决人的问题，通过富裕农民、提高农民、扶持农民，让农业经营有效益，让农业成为有奔头的产业，让农民成为体面的职业；要提高农民素质，培养造就新型农民队伍，把培养青年农民纳入国家实用人才培养计划，确保农业后继有人。”

2014 年 3 月 21 日，农业部办公厅、教育部办公厅联合发布《关于印发〈中等职业学校新型职业农民培养方案试行〉的通知》，将试点县扩大到 300 个。

2015 年，政府工作报告对新时期农民职业化提出了具体要求。李克强总理强调："要把加快培育新型经营主体作为一项重大战略，以吸引年轻人务农、培育职业农民为重点，建立专门政策机制，构建职业农民队伍，为农业为现代化建设和农业持续健康发展提供坚实的人力基础和保障。"

(二)新型职业农民的内涵和类型

1. 新型职业农民的内涵

(1)新型职业农民的内涵

中国农业大学农民问题研究所朱启臻教授认为：新型职业农民首先是农民，从职业意义上看，所谓农民是指长期居住在农村社区，并以土地等农业生产资料长期从事农业生产的劳动者。农民要符合以下四个条件：①占有(或长期使用)一定数量的生产性耕地；②大部分时间从事农业劳动；③经济收入主要来源于农业生产和农业经营；④长期居住在农村社区。与传统农民、兼业农民不同，新型职业农民除了符合农民的一般条件，还必须具备以下几个方面：

a. 要有新意识　责任意识、市场意识、组织意识、保密自律与法律意识等。

b. 要有新素质　道德素质、科技素质、文化素质、身心素质等。

c. 要有新能力　岗位能力、农业产业化经营能力、经营管理能力、社交能力等。

(2)新型职业农民的类型

【案例导引】

窦华军，一个普通农民，也是天津市大港区太平镇远近闻名的农机大户。他有一座自行设计的车库，里面停放着多台农机具。从 2004 年他开始投资买农机，最初只有一台小麦收割机。目前，他已拥有 11 台大中型农机具。每当区农机局计划推广一种新农机时，他都会先行先，试窦华军的农机服务越做越大，不仅全村的土地都包给他耕作，他的农机服务业务还开拓到了河北省等地。

石振民、杨秀岩夫妇，是黑龙江省五常市远近闻名的种粮大户。2004 年以后，村里 3 700 多口人，有 2 200 多人陆续外出务工，看着村里留守的妇女、儿童和老人，石振民提出把他们耕种不好的土地承包下来。乡亲们一听不用种地就能拿到钱，农忙的时候还可以额外打打工，不少人就主动把地转租给了石振民，石家的承包田六七年间发展到近 800 公顷。他们耕种的土地横跨 5 个乡镇 16 个村。去年，他家生产粮食 750 万千克，能装满 100 多节火车皮，纯收入至少 500 万元以上。

赵玉忠，北京北菜园农产品产销专业合作社理事长，在缺人、缺钱、缺技术的条件下，带领延庆区小丰营村的298户农民，经过7年的努力，种出了很多人在尝试后却不得不放弃的高品质有机蔬菜，走上了持续稳定的增收致富之路，他开创的农业生产企业化管理模式成为众多同行效仿的典范。

以上三个农民都是新型职业农民，他们所从事的职业各不相同，都是通过资源、技能成为有规模的经营大户。

新型职业农民主要包括生产经营型、专业技能型和社会服务型职业农民三类。

①生产经营型职业农民

是指以农业为职业、占有一定的资源、具有一定的专业技能、有一定的资金投入能力、收入主要来自农业生产和经营的人员，主要是专业大户、家庭农场主、农民合作社带头人等。

②专业技能型职业农民

是指在农民合作社、家庭农场、专业大户、农业企业等新型生产经营主体中较为稳定地从事农业劳动作业，并以此为主要收入来源，具有一定专业技能的农业劳动力，主要是农业工人、农业雇员等。

③社会服务型职业农民

是指在社会化服务组织中或个体直接从事农业产前、产中、产后服务，并以此为主要收入来源，具有相应服务能力的农业社会化服务人员，主要是农村信息员、农村经纪人、农机服务人员、统防统治植保员、村级动物防疫员等农业社会化服务人员。

（三）提升新型职业农民素养的重要意义

大力培育新型职业农民，是深化农村改革、增强农村发展活力的重大举措，也是发展现代农业、保障重要农产品有效供给的关键环节，其意义在于：

1.确保国家粮食安全和重要农产品有效供给，迫切需要培育新型职业农民

解决13亿人的吃饭问题，始终是治国安邦的头等大事。近年来，我国粮食生产实现历史性的“十一连增”，棉油糖、肉蛋奶、果菜鱼等全面发展，农产品市场供应充足、品种丰富、价格基本稳定，为经济社会发展稳定提供了基础支撑。我们成功解决了13亿人口的吃饭问题，但要把饭碗牢牢端在自己手里，仍然面临很大压力，主要农产品供求仍然处于“总量基本平衡、结构性紧缺”的状况。随着人口总量增加、城镇人口比重上升、居民消费水平提高、农产品工业用途拓展，我国农产品需求

呈刚性增长。据预测，今后一段时间，我国每年大体增加粮食需求100亿千克、肉类80万吨。我们可以更多利用国际市场、国外资源，但国际农产品市场起伏不定，世界粮食安全形势不容乐观，依靠进口调剂余缺的空间有限。习近平总书记强调，中国人的饭碗要牢牢端在自己手里，我们自己的饭碗主要要装自己生产的粮食。今后中国提高农业综合生产能力，让13亿中国人吃饱吃好、吃得安全放心，最根本的还得依靠农民，特别是要依靠高素质的新型职业农民。只有加快培养新型职业农民，调动其生产积极性，农民队伍的整体素质才能得到提升，农业问题才能得到很好解决，粮食安全才能得到有效保障。

2. 推进现代农业转型升级，迫切需要培育新型职业农民

当前，我国正处于改造传统农业、发展现代农业的关键时期。农业生产经营方式正从单一农户、种养为主、手工劳动为主，向主体多元、领域拓宽、广泛采用农业机械和现代科技转变，现代农业已发展成为一、二、三产业高度融合的产业体系。近年来，农业物资技术装备水平不断提高，2012年农业科技进步贡献率达到54.5%，耕种收综合机械化水平达到57%，标志着我国农业发展已进入主要依靠科技进步的新轨道，农业生产方式由几千年来以人力、畜力为主转入以机械作业为主的新阶段。然而，我国农业劳动生产率仍然偏低，仅相当于第二产业的1/8，第三产业的1/4，世界平均水平的1/2。造成这个问题的原因很多，其中很重要的一条就是支撑现代农业发展的人才紧缺，农民科技文化水平不高，许多农民不会运用先进的农业技术和生产工具，接受新技术新知识的能力不强。发展现代农业，必然要有与之相适应的新型职业农民。

3. 构建新型农业经营体系，迫切需要培育新型职业农民

改革开放以来特别是进入21世纪以后，我国农村劳动力大规模转移就业，农业劳动力数量不断减少、素质结构性下降的问题日益突出。随着大量农村青壮年劳动力外出转移就业，目前许多地方留乡务农的以妇女和中老年为主，小学及以下文化程度比重超过50%。占农民工总量60%以上的新生代农民工不愿意回乡务农。今后“谁来种地”成为一个重大而紧迫的课题。确保农业发展“后继有人”，关键是要构建新型农业经营体系，发展专业大户、家庭农场、农民合作社、产业化龙头企业和农业社会化服务组织等新型农业经营主体。今后一个相当长时期，农村将是传统小农户、兼业农户与专业大户、家庭农场以及农业企业并存的局面，但代表现代农业发展方向的是新型经营主体、职业农民。新型职业农民是家庭经营的基石、合作组织的骨干、社会化服务组织的中坚力量，也是新型农业经营主体的重要

组成。只有把新型职业农民培育作为关系长远、关系根本的大事来抓，通过技术培训、政策扶持等措施，留住一批拥有较高素质的青壮年农民从事农业，吸引一批农民工返乡创业，发展现代农业，才能发展壮大新型农业经营主体，不断增强农业农村发展活力和后劲。

二、新型职业农民的认定与管理

(一)认定原则、条件和标准

1.新型职业农民认定原则

新型职业农民认定管理是一项政策性很强的工作，要坚持以下基本原则：

(1)坚持政府主导、农民自愿

由县级以上(含县级)人民政府发布认定管理办法，明确认定管理的职能部门。充分尊重农民意愿，不得强制和限制符合条件的农民参加认定，主要通过政策和宣传引导，调动农民的积极性，及时建立健全符合农村实际，符合农民需求的培训、评价、激励、监督和考核机制。

(2)坚持精细培训、精准培育

按照不同产业和不同服务类别，分类确定培育对象、设置培训课程、制定培训标准，特别是学时标准、考核要求等，开展精细化培训，夯实培训基础，并在此基础上制定出台扶持政策，实现精准化培育的目的。

(3)坚持长短结合、严格认定

坚持短期培训与长期培养相结合。新型职业农民培育不仅要实现农民从业技能的提升，同时要对农民开展市场理念、经营管理、诚信道德、社会责任等全方位培训，实行综合考核、全面评价、严格认定。

(4)坚持动态管理、扶持跟进

对认定的新型职业农民进行动态管理，建立完善以考核制度为主的动态管理制度，建立退出机制，对已不再符合条件的，应按规定及程序予以退出，并不再享受相关扶持政策。对认定的新型职业农民要跟进扶持，并将他们纳入扶持重点，从项目、资金、保障、荣誉等方面，将现行的、新增的强农惠农政策集中向新型职业农民倾斜，调动他们的从业积极性，并增强政策的吸引力和针对性。

2.新型职业农民认定条件

基本条件：年龄18～55周岁，具有初中以上文化程度和较高技能水平的现代农业从业者，具备系统的现代农业生产经营管理知识和技能；有科学发展理念，熟悉农村农业政策法规，注重农业可持续发展。

不同类型要求条件：生产经营型职业农民需具有一定生产经营规模；专业技能型、社会服务型职业农民应是从业稳定，职业特征鲜明，主体地位明确，具有一定专业技能的农业管理人员和生产经营骨干。

3. 新型职业农民认定标准

(1)分等级认定

比较典型的有河南省夏邑县、广西壮族自治区桂平市等。这些试点市(县)与西方国家做法一致，依据其素质状况将新型职业农民分为初级职业农民、中级职业农民和高级职业农民三个级别。夏邑县蔬菜产业新型职业农民认定标准如表 1-1 所示。

表 1-1　夏邑县蔬菜产业新型职业农民认定标准

级别	学历和生产经历	经营规模	收益及带动效果
初级	农科大专以上学历，从事蔬菜生产经营满 2 年；农业中专学历，从事蔬菜生产经营满 2 年；务农从事蔬菜生产经营 3 年以上	经营日光温室蔬菜 3 亩以上，或经营塑料大棚蔬菜 6 亩以上，或从事露地蔬菜生产 15 亩以上	年人均纯收入是当地年人均纯收入的 3 倍以上，起到较强的示范带动作用
中级	农科大专以上学历，认定为初级新型职业农民满 2 年；农业中专学历，认定为初级新型职业农民满 3 年	经营日光温室蔬菜 5 亩以上，或经营大棚蔬菜 10 亩以上，或从事露地蔬菜生产 30 亩以上	年人均纯收入是当地年人均纯收入的 5 倍以上，示范带动一批农户从事相关产业，并指导其生产经营，取得理想的收益
高级	农科大专以上学历，认定为中级新型职业农民满 4 年；农业中专学历，认定为新型职业农民满 5 年	经营日光温室蔬菜 10 亩以上，或经营塑料大棚蔬菜 20 亩以上，或从事露地蔬菜生产 50 亩以上	户年人均纯收入是当地年人均纯收入的 10 倍以上，示范带动一大批农户从事相关产业，所带动农户效益显著增加

注：1 亩≈667 米^2。

(2)按类别认定

比较典型的有湖北省武汉市东湖区、湖南省桂阳县等。与加拿大认定方法相似，这些试点县将新型职业农民分为隐含为不同级别的类型。湖北省武汉市东湖区将新型职业农民分为生产型、经营管理型和技术服务型；湖南桂阳县将新型职业农民分为生产经营型、专业技能型和社会服务型。现以武汉市东湖区新型职业农民认定标准为例，如表 1-2 所示。

表 1-2　武汉市东湖区新型职业农民认定标准

类型	最低学历	不间断从事农业时间	年参训学时
生产型	初中	从事农业生产工作≥3 年	农民职业教育≥80 学时
经营管理型	高中	从事农业经营管理工作≥4 年	经营管理类教育≥120 学时
技术服务型	大专	从事农业技术服务工作≥5 年	技术服务类教育≥160 学时

(3)按生产规模认定

各试点县提出的标准不尽一致。例如,上海市青浦县要求从事种植业粮食作物类的新型职业农民在本区范围内年种植面积 50 亩以上;经济作物类:在本区范围内年种植面积 5 亩以上。从事养殖业水产养殖的新型职业农民在本区范围内年水产养殖面积 30 亩以上;从事畜禽养殖的在本区范围内有政府批准保留的规模化养殖场。

(4)按经营状况认定

各试点县提出的标准也不尽一致。例如,山东省恒台县要求,新型职业农民经营土地面积要达到 4 公顷以上,租期或承包期不少于 3 年,小麦单产 500 千克及玉米单产 600 千克以上,单位面积年纯收益、个人收入分别达到 550 元、4 万元以上,示范带动农户 10 户以上。四川省绵阳市要求,农机大户的农机原价值在 20 万元以上或年农机作物纯收入在 5 万元以上。

(二)认定程序和管理

【案例导引】

培育"有道德、有技术、懂经营、会管理"的新型职业农民

打造新型农业生产经营主体,是党中央、国务院在新时期我国农业发展的新形势下提出的,是解决"谁来种地、如何种地"问题的根本途径,是深化农村改革,构建新型农业生产经营体系的重大举措,是破解"三农"问题的"金钥匙"。

2014 年,甘肃省成县农广校认真贯彻中央、省、市新型职业农民培育有关会议精神,严格按照《新型职业农民培育实施方案》和工作流程,按照"理论培训+基地实训+跟踪服务"的培育模式,共培训专业合作社骨干、养殖大户、蔬菜种植大户 150 人。近日,对培育过的学员按照《成县新型职业农民资格认定办法(试行)》进行了资格认定,并颁发了"成县新型职业农民资格证书",随着现代农业

的不断发展，农民都要“持证上岗”。拿到证书的学员们心情激动，面带喜色，纷纷表示要努力发展好自己的产业，为成县农业特色产业发展发挥积极的引领示范作用。如何才能获得新型职业农民的资格证书呢？如何对认定后的职业农民进行管理呢？

1. 认定程序

新型职业农民的认定需遵守“公开、公平、公正”的原则，认定流程多为当地新型职业农民培育领导小组办公室发布公告，农民自主提出个人申请，逐级申报，逐级审核。国家没有明确的职业农民认定机构，也没有统一的认定标准、时间与程序。各地是按照农业部办公厅《关于新型职业农民培育试点工作的指导意见》(农办科〔2013〕36号)要求，结合各地实际，制定认定程序。具体认定程序如下：

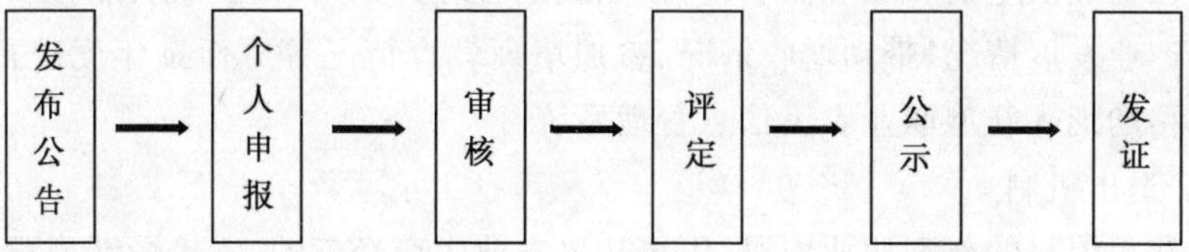

2. 认定管理内容

认定管理办法中应明确认定条件、认定标准、认定程序、认定主体、承办机构、相关责任，建立动态管理机制。生产经营型职业农民是认定管理的重点，主要依据“五个基本特征”，充分考虑不同产业、不同地域、不同生产力水平等因素，分产业确定认定条件和标准。重点考虑三个因素：一是以农业为职业，主要从职业道德、农业劳动时间和主要收入来源等方面考虑；二是教育培训情况，根据我国国情农情和建设现代农业的要求，应考虑把接受过农业系统培训、农业职业技能鉴定或中等及以上农科教育作为基本认定条件；三是生产经营规模，以家庭成员为主要劳动力且收入不低于外出务工收入水平，并与当地扶持新型生产经营主体确定的生产经营规模相衔接。

3. 认定管理的具体要求

(1)严格认定

把新型职业农民队伍建设纳入各级政府农业农村经济发展规划和现代农业建设规划。省级有关部门要出台相应的管理办法，各市、县要结合本地农业产业发展要求和生产力发展水平，科学确定本地区职业农民认定条件、标准、程序和管理服务内容，制定具体认定办法或细则，由农业部门统一实施。在认定过程中，应充分尊重农民意愿，按照个人申报、村镇推荐、农业部门审核、专家认证的程序规范认定，有条件的地方可积极探索第三方认证等办法，鼓励市县创新新型职业农民认定的方式方法。对经过培训，具有一定从业技能和发展能力，产业发展具备一定规模，经济效益较好，具备一定辐射带动能力，经过考核达到认定标准和条件的农民，颁发新型职业农民证书。

(2)动态管理

逐步完善以考核制度、淘汰制度、信息报送制度、档案管理制度为主要内容的动态管理制度。

(3)年度考核机制

对已培训认定的新型职业农民，按照属地管理的原则，由县级农业行政主管部门对其产业发展情况、带动增收情况、参加培训教育情况等方面按年度进行考核，考核合格的纳入新型职业农民信息管理系统。

(4)退出机制

已获得资格的新型职业农民，不再从事农业生产经营的，不接受新型职业农民各项管理服务的，不按要求参加培训学习的，因其他原因不宜继续作为新型职业农民的，取消其新型职业农民资格。

(5)建立新型职业农民信息管理系统和职业农民档案

对通过资格认定的职业农民建立从报名到资格认定全过程完整档案资料，并对认定后的跟踪情况进行详细记录。

【知识拓展】

国外职业农民认定经验之谈

世界发达国家较早地实现了农民职业化，“持证种田”已被多数发达国家纳入农业准入制度。尽管国外没有新型职业农民这一词汇，但因职业农民的认定标准随时代变迁而逐步完善。因此，可将其现行标准对应于我国的新型职业农民认定标准进行比较。

(一)德国

1.认定标准

德国职业农民认定标准以资格证书的形式体现，分为代表不同水平的五个等级。各等级证书均需经过培训学习，考试合格后才能获得。各等级名称及功能如表 1-3 所示。

表 1-3　德国职业农民资格证书名称及功能

等级	名称	认定标准	证书功能
1	学徒工证书	通过规定的结业考试	初级证书，但非合格职业农民
2	专业工证书	经历 3 年的农业职业教育，通过规定的结业考试	农业专业工人，合格职业农民
3	师傅证书	通过一年制的专科学习，或参加农业师傅考试	有独立经营农场和招收学徒的资格
4	技术员证书	通过两年制的农业准可学校深造	可担任技术员和领导
5	工程师证书	经考试，到高等学府深造并毕业	可担任农业工程师(欧盟颁发)

2. 认定程序

德国职业农民资格认定与“双元制”职业教育培训密不可分，行业协会发挥着主导作用。在“双元制”职业教育过程中，考生在行业协会监督下进行两次考试。第一次是在学习时间达到两年左右时进行的“中间考试”，第二次是学习结束时进行的“结业考试”。两次考试均由培训毕业考试和职业资格证书考试组成，通过者将获得培训毕业证书和职业资格证书。其中，职业资格考试为全国统考，行业协会安排相应的考评小组执行具体的考试过程监督和考试结果评分。为保证职业资格认证考核的质量，行业协会在命题、考核程序以及考评技术等方面，均执行一整套严谨的程序。

3. 保障措施

完善的法律体系为德国职业农民资格认定提供了基础保障。德国《联邦职业教育法》《培训条例总纲》规定，公民获得农业企业或农场的经营权，必须获得“农业师傅”证书。《联邦教育法》规定，德国青年经过九年或十年的基础教育后，必须再接受三年的农业职业教育，才能成为职业农民。为确保农业职业教育有效实施，德国政府每年向农业技术学校提供经费达到 1 000 万欧元以上，各州政府每年也都拨付必要的经费，以保证农业学校与实习基地建设的需要。

(二)法国

1. 认定标准

法国职业农民认定标准也以职业资格证书的形式体现，但只分为四个级别，由低到高分别为农业职业教育证书、农业专业证书、农业技术员证书和高级技术员证书。农民拥有前一级资格证书后，才能参加更高级别证书的培训。认定标准如表1-4所示。

表1-4　法国职业农民资格证书名称及功能

等级	证书类别	认定标准	证书功能
1	职业教育证书	3～5年实践经验，如经营农场需进行200小时以上的培训	可得到国家补助
2	专业证书	经过680～920小时某一专业的培训	拥有独立经营农场资格
3	技术员证书	成年农民经过2年培训	可进行技术服务
4	高级技术员证书	技术员经过2～3年的培训，达到专科水平	可指导农场经营

2.认定程序

职业农民资格认定由政府劳工部指定的考试委员会负责。考试委员会由雇主(农场主)、雇员(农业工人)和教师三方代表组成，制定资格认定的基本标准。职业农民(或准职业农民)分等级培训，经考试、考核获得不同等级的职业资格证书。培训教材全国统一，由教育部组织专业技术人员编写，培训质量由各大区教育机构负责监督检查。但对私人机构培训质量的监督，则由相关行业工会负责。

3.保障措施

法国相关法律规定，公民只有在接受职业教育并取得相关证书后，才能够享受国家农业政策补贴和优惠贷款，取得经营农场的资格。全国有350所农业技术学校所需经费主要通过中央和地方政府拨款解决。农民在培训期间，还将获得企业团体等支付的报酬。农民在参加培训期间，还将获得政府或农业专业协会、培训基金会发放的差旅费、食宿费等各种补助。

(三)英国

1.认定标准

英国职业农民资格证书有技术教育证书和职业培训证书两大系列，技术教育证书有农业工程技术员证书、食品技术员证书、养禽技术员证书和农业技术员证书四种；农业职业培训证书有农业机械证书、农业工程证书、奶牛证书、农业证书、林业证书、农场管理证书、农场秘书证书、园艺证书、庭院证书、养禽证书和畜牧证书等十一种。无论何种证书，均分为五个级别，认定标准及对应职务如表1-5所示。

表 1-5　英国职业农民资格认定标准及对应职务

等级	认定标准	对应职务
1	具有在一定范围内从事常规的、可预测的工作活动的能力	半熟练工
2	具有在较大范围和变化条件下从事一些复杂的、非常规的工作活动的能力	熟练工
3	具有在广泛领域从事各种复杂多变的、非常规的工作活动的能力，对他人的工作进行监督和指导	技术员，技工初级管理人员
4	具有在广泛领域从事技术复杂、专业性强、条件多变的工作活动的能力，对他人的工作和资源的分配负责	工程师，高级技术员，高级技工，中级管理人员
5	具有在广泛的，通常是不可预见的条件下独立运用基本原理和复杂技术的能力；具有个人独立分析、决断、设计、规划、实施和评估工作结果的能力	工程师，高级工程师，中、高级管理人员

2. 认定程序

英国职业农民资格认证由 14 家社会认证机构负责，认定过程与职业培训过程紧密结合。培训结束后，认证机构采取日常考核、理论考试、实践评价、理论＋实践等方式进行评价鉴定。评价形式多种多样，有小课题、现场笔试和面试等。为避免认证机构滥发资格证书，政府批准设立了由教师、农场主和农场工人代表组成的职业资格考试委员会，专门负责监督检查工作。

3. 保障措施

英国专门颁布了《农业培训法》，从培训机构管理、资格认证流程管理，到认证质量管理，均建立起一套完整的制度体系，确保农业教育机构和职业培训机构从事农民培训的质量和效率。对考评、督导人员，政府每年进行一次审核，每 3 年重新进行考试。在英国，农民教育培训是唯一能够得到政府资助的培训项目，农业培训局从政府设立的专门基金支付农场工人上课期间的工资。

(四)加拿大

1. 认定标准

加拿大职业农民资格认定实行“绿色证书”制度，其培训专业根据行业需要设定，现有农作物生产以及各种牲畜养殖等八个专业。每个专业职业农民的认证从低到高分为生产技术员、生产指导员和生产管理员三个层级，具体标准如表 1-6 所示。

表 1-6 加拿大职业农民资格认定标准

证书级别	认定标准
生产技术员	掌握农作物生产或牲畜养殖过程中各种作业程序和规范，独立完成常规工作
生产指导员	具有更多的技能、知识和更强的综合判断能力，能够对其他工作人员进行指导，评估工作中的问题和需要；确保生产经营计划和协议的实施等
生产管理员	具有管理农业生产和市场营销等方面的能力，能够管理日常财务工作，协调和管理各部门

2. 认定程序

加拿大绿色证书考试分为评估考试和证书资格考试两种类型。评估考试由培训教师在农场实施，主要对学员技能进行测试。资格考试在联邦政府绿色证书管理部门指定的考试中心进行，由有经验的培训教师或农场主担任考官，考试内容分为口试和实际动手操作两个部分。绿证培训管理工作由地方政府农业管理部门、教育部门和农场协会联合实施。

3. 保障措施

加拿大政府规定，未获得绿色证书的公民不能成为职业农民，也不能继承或购买农场。政府设立专项基金鼓励农场主培训雇员（联邦政府对每培训一个员工给予 5 000～7 000 加元的支持）。自 1985 年起，国会将绿色证书培训经费列入财政预算，将绿色证书培训扩展到高中教育阶段。绿色证书培训的课程内容随时代发展及时变动。

（资料来源：http：// www. cssn. cn/jyx/jyx _ zyjsjyx/201412/t20141211 _ 1438622_1. shtml）

模块二　新型职业农民的就业意识与就业能力

一、培养职业农民的责任素养

美国著名作家马克·吐温说:“我们生到这个世界上来是为了一个聪明和高尚的目的,必须好好地尽我们的责任。凡是公民,谁都不能逃避责任。”

我们作为社会人,都要承担相应责任,包括家庭、亲戚、朋友、国家、社会等。这些责任既是我们的义务,同时也是我们生活的重要动力。责任可以让一个人变得更加成熟,当一个人的责任心在心底萌发时,就是他走向成熟的开始。美国总统肯尼迪在就职演说中说:“不要问美国给了你们什么,要问你们为美国做了什么?”这句关于责任的经典之言激励了无数美国青年,同样也给我们带来很重要的启示。作为新型职业农民,就必须主动为国家、为社会、为家人担负起自己应尽的责任,真正成为建设新农村的主人。

(一)扎根农村,热爱农业

1. 新型职业农民责任意识的重要含义

责任是一种职责和任务,是一个人不得不做的事情。它伴随着人类社会的出现而出现,有社会就有责任,是身处社会的每个成员必须遵守的规则和条例,带有强制性。

所谓的责任意识,就是清楚地知道什么是责任,并自觉、认真地履行社会职责和参加社会活动,把职责转化成具体行动,内化为心理需要。有责任意识,再困难的工作也能迎难而上;没有责任意识,再安全的岗位也会出现险情。责任意识强,再大的问题甚至风险也可以解决,化险为夷;责任意识差,很小的问题也可能酿成大祸。有责任意识的人,受人尊敬,招人喜爱,让人放心。责任大于能力,责任意识是衡量一个人综合素质的重要指标之一,是一个人能够成功的主要基础。

在新农村建设进程中,职业农民是主力军。作为国家公民,在享受了公民权利的同时,还要清楚了解对社会、国家、他人,自己所应负有的责任,以及在未能履行好责任时将要承受的谴责和制裁。这种责任有些情况下是法律上的,有些情况下是道义上的,因此可以将责任意识理解为责任感和责任心。在职业农民新意识里明确责任意识,其意义在于向农民表明,他们有责任促进农业增效、农民增收、农村经济繁荣和农业可持续发展,更有责任确保国家粮食安全和农产品质量安全及有效供应。

2.现阶段我国职业农民责任意识的主要内容

人无精神不立,国无精神不强。责任与担当的背后需要精神力量的支撑。农业是国计民生的基础,农民是一个特殊的群体,农村是一片广阔的天地。为追逐农业强、农民富、农村美的"三农"梦想,新型职业农民应该具备强烈的主人翁责任感,具体涵盖以下内容:

(1)自我责任

农民的自我责任指的是每一个人对自身所负有的责任。自我责任需要有血有肉的生命体来实现,没有现实生命的存在,责任就落不到实处,因此个人对生命的责任是至高无上的。我国古代儒家极其重视生命,所谓身体发肤受之父母,不敢损伤;道家也说"贵生养身",损害身体是对自然躯体的破坏,是违反自然之道的行为。我们用现代的语言说就是珍惜生命、善待自己,首先,要强健体魄,拥有健康是一切事业的基础。其次,要完善人格,健全心智才能履行个人义务和责任。再次,要提高修养,具备一定的科技文化素养和公民道德修养是个人参与一切群体活动的前提,也是投身新农村建设和农业现代化建设的基础。

当前,由于市场经济的冲击和错综复杂的社会矛盾,我国农民自我责任的缺失比较严重。

(2)家庭责任

家庭是指以一定婚姻关系、血缘关系或收养关系组合起来的社会生活的基本单元。家庭作为一个统一的单位在社会生活中出现,是社会生活的组织细胞。家庭是每个人人生的第一所学校,也是绝大多数人终身离不开的学校。对家庭的责任是一种特殊的亲情责任,这种责任绝大多数是一种没有利益或直接利益产生的责任,是为促进家庭的稳定、幸福以及家庭成员的成长、健康生活等而产生的责任。家庭责任的核心是爱和孝。爱和孝是家庭成员承担家庭责任的动力源泉,是中华民族的传统美德。家庭责任一般包含夫妻间的责任、教育抚育子女的责任、赡养老人的责任。

婚姻的直接产物是家庭。作为社会结构最基本的单元,家庭具有整个社会的全部属性。所以夫妻间的基本责任是构成家庭、亲人责任的首要因素。夫妻间的基本责任包括:相爱、忠诚、互助。

婚姻的第二个产物就是子女。不管是什么原因，只要为人父母，教育和抚养子女就是应尽的责任，是不可推卸的重要的家庭责任。

赡养老人是家庭责任的重要组成部分，也是每一个公民的法定责任。在家庭责任中，抚养教育子女的责任和赡养老人的责任是紧密联系在一起的，没有前者就没有后者，这两个责任都是构成家庭稳定和社会和谐的基础。

(3)社会责任

古人云：天下兴亡，匹夫有责。新型职业农民对社会的责任就是对社会负责，是作为社会的成员对他人、对社会应当承担的职责和义务，也是为保证自己能在社会中持续生存和发展而必须对社会的付出和担当。每个人的生存和发展离不开社会，个人只能存在于社会组织之中，每个人生存所需要的一切，只有通过社会才能取得。同时，社会的发展，是通过所有个人的集体努力而实现的，所有人的活动总和构成社会的整体状态。每个人都随时面临着怎样处理个人发展和社会进步、个人自由和社会秩序的关系问题。

在现实社会生活中，“服务人民，奉献社会”是个人承担对社会责任的客观表现。事实上，我们每一个人是通过“敬业乐业，创造价值”来实现对社会贡献的，这也是新型职业农民实现对家庭责任的经济基础。

“尊重社会，传承文化”就是尊重被社会所认同的共同价值和行为规范。包括遵守社会的基本道德规范，树立民族自信心、自尊心和国家利益观念，自觉传承人类文明成果，自觉践行社会主义核心价值观，传承优秀的村规民约、家规家风，自觉维护国家尊严，保护和传承人类物质文明和精神文明遗产，这些行为都是在履行社会责任。

“保护环境”是对环境负责。农业生产离不开自然环境，农民更要认识到人永远是自然界的一部分。应尊重自然，按照规律保护环境、平衡生态、持续发展，科学安排生产和生活，构建和谐社会，推动经济、文化、生态和社会的繁荣进步。

3. 我国农民的责任意识现状

【案例导引】

三聚氰胺毒奶粉事件

2008 年 9 月，中国爆发三鹿婴幼儿奶粉受污染事件，导致食用了受污染奶粉的婴幼儿产生肾结石病症，其原因是奶粉中含有三聚氰胺。国家质检总局通报全国婴幼儿奶粉三聚氰胺含量抽检结果，河北三鹿、山西雅士利、内蒙古伊利、蒙牛集团、青岛圣源、上海熊猫、山西古城、江西光明乳业英雄牌、宝鸡惠民、多加多乳业、湖南南山等 22 个厂家 69 批次产品中检出三聚氰胺，被要求立即下架。中央电视台在晚上7点的新闻联播节目中进行了报道。

央视报道还指出，据医学专家介绍，三聚氰胺是一种低毒性化工产品，婴幼儿大量摄入会引起泌尿系统疾患。目前患泌尿系统结石的婴幼儿主要是由于食用了含有大量三聚氰胺的三鹿牌婴幼儿配方奶粉引起的。多数幼儿通过多饮水勤排尿的方法结石可自行排出。如出现尿液混浊、排尿困难等症状时，需要及时到医院就诊。发生急性肾功能衰竭时，如及时治疗，患儿也可以恢复。

国家质检总局紧急在全国开展了婴幼儿奶粉三聚氰胺含量专项检查，此次专项检查对其余109家企业进行了排查，共检验了这些企业的491批次产品。阶段性检查结果显示，有22家婴幼儿奶粉生产企业的69批次产品检出了含量不同的三聚氰胺，其中出现了三鹿、雅士利、伊利、蒙牛、圣元等国内知名婴幼儿奶粉品牌，让不少消费者唏嘘不已。

三聚氰胺作为化工原料，可用于塑料、涂料、黏合剂、食品包装材料的生产有一定毒性。不是食品原料，也禁止人为添加到食品中。

（资料来源 http://news.gdzjdaily.com.cn/zjzt/2013/content/2013-05/28/content_1697368.htm）

[案例点评] 三聚氰胺不是食品添加剂，本来与食品、饲料无关，却被有意加入奶粉中导致恶性事件的发生。究其根源，非法牟利是直接原因，检测标准缺失是间接原因，一些地区农户和企业不负责任及监管缺位是根本原因。

近年来，随着社会转型，经济利益至上，个人主义盛行，原有的责任意识崩塌；随着体制转轨，原来被束缚在农村的农民逐步走向社会，由农村人成为社会人，原有的“小农意识”开始被社会意识、经济意识、公民意识所冲击，独立意识逐渐觉醒与确立。但由于社会高速发展，我国农村正处于快速转型、变革的关键时期，现阶段我国农民的责任意识在旧的已破、新的未稳的情况下，出现了一些新的特点。

(1)责任意识的淡薄

农民责任意识的淡薄在各个方面都有所表现。家庭责任的缺乏，表现为遗弃亲人、家庭暴力、情感出轨；社会责任的缺乏，表现为自私自利，只想索取，不想奉献，只求利益，不履行责任义务；环境责任的缺乏，表现为滥用农药化肥，随意制造污染和抛扔垃圾；甚至对自己也缺乏责任，表现为轻视健康、醉生梦死、消极堕落、自寻短见等。

(2)责任意识的错位

在社会中人们主要通过各种角色来践行责任。如果因角色的差异，而承担与角色无关的责任，就会形成“责任的错位”。如当前农村中存在诸多的父母双双外出打工，将子女的抚养、教育责任交给爷爷奶奶来担当；又如为了更多的收入，大量的青壮年农民别家弃耕等，都是“责任错位”的表现。

(3)责任能力的淡薄

目前我国农民的责任问题，核心还是责任能力较弱的问题。也就是说许多情况下农民知道自己的角色责任和责任内容，但由于经济能力、知识水平、社会地位等问题的制约，导致自己的责任落实能力较差，甚至出现漠视责任、推脱责任和逃避责任等现象。

4.现阶段我国职业农民责任意识淡薄的原因

(1)历史上农民社会经济地位对责任意识的负面影响

在中国传统文化中，责任意识，更多地体现在传统美德和对国家的责任上。孔子所言“当仁不让”，孟子的“舍我其谁”，诸葛亮的“鞠躬尽瘁，死而后已”，顾炎武的“天下兴亡，匹夫有责”，张载的“为天地立心、为生民立命、为往圣继绝学、为万世开太平”。这些高尚的责任意识，又是建立在封建宗法等级制度、人格不平等的基础上的，或者说这些责任更多的是由“士”这个阶层担当的，而对于“农、工、商”阶层来说，理想人格和社会责任的塑造一直是贫瘠无力的。经济地位、文化水平、社会地位的低下，久而久之就导致无人负责、互相推诿和道德冷漠等现象。正如鲁迅小说《阿Q正传》中所描述那样，无业无产处于社会最底层的阿Q想要参加“革命”，官员和乡绅都认为他没有资格。

(2)世界观、人生观、价值观的扭曲是农民责任意识混乱的重要原因

市场经济体制的建立对经济的发展起到了积极的作用，但市场经济的趋利性又却易使人唯利是图，一切向钱看，当金钱和财富成了衡量人们成功与否的唯一标尺的时候，人们的世界观、人生观、价值观的畸形也就不足为奇了。原有的社会思想道德和价值观念体系解体了，而适应当前的新的社会主义核心价值观体系还没有真正内化为广大农民的心理需要，也没有外化为行动落实，这就造成了农民责任意识的多元化和片面性，即不同程度的扭曲现象，不同层次、不同方面的纠纷不断。

(3)对职业农民的责任意识培育不到位

由于历史和现实的原因，农民的责任意识教育一直不到位。一是长期以来我们的责任意识教育政治色彩过于浓厚，片面强调功利价值(挣钱、升学、进城、当干部)，忽视甚至排斥个人修养，而且农民又是受教育程度最低的一个群体。二是目前的农村教育尤其是农民教育基本由落后于社会发展的学校或培育机构来承担，并且以专业技术培训、经营管理培训和政策法规培训为主，对农民和新生代农民的责任意识的教育培训却被忽视、被弱化，直接导致农民的责任意识不强。

(4)自律能力不够

种种原因导致农民自律意识缺乏。他们能够清醒地认识到自己在某些方面所应承担的责任，但不能把它升华为一种自觉的内心信念，升华为义务感，无法形成强烈的社会责任感。他们往往从自我利益和小团体利益出发，选择不承担相应责任，想办法逃避责任，很容易就原谅自己的不负责任行为。

(二)爱国敬业，和谐家园

传统农民培训主要是传播农业实用技术，提升农民致富技能为主，新时期新农村建设下，随着农民生活水平的提高，更应该在爱国主义、道德水平，遵纪守法、人生观、价值观、家庭观上体现。根据以往培训案例主要从以下几个方面入手：

爱国主义、敬业精神

(1)开展爱国主义教育活动，要使广大新型职业农民从思想上武装自己

通过学习、讲座等形式知道国歌的内容和国旗、国徽的含义，培养对国歌、国旗、国徽的崇敬感；了解中华民族的悠久历史、灿烂文化和我国各族人民对人类文明的卓越贡献，激发对祖国的热爱之情；了解中华民族自强不息、百折不挠的发展历程，特别是中国共产党领导全国人民反对外来侵略和压迫，争取民族独立和解放的精神与业绩，增强坚持党的领导的观念；了解改革开放以来，党和国家对农业发展采取的保护、扶持政策，及其对改善和提高广大农民的生活水平所起的巨大推动作用，帮助农民群众认识农业是国民经济的基础，认清农业现代化必须走社会化、集约化大生产之路，增强干部群众的集体观念，在坚持家庭联产承包责任制的同时，发展集体经济，走共同富裕的道路；了解国家法律赋予公民的权利和义务，正确处理好国家、集体和个人三者利益关系，自觉实行计划生育，应征服兵役，按时按质按量完成国家粮税任务，遵纪守法，勤劳致富；了解中华民族的传统美德，大力开展移风易俗活动，扫除封建迷信，摒弃野蛮、愚昧，自觉抵制黄、赌、毒，形成积极进取、文明向上的社会风气。

(2)敬业精神

有句话叫做“做好自己的小事情”。作为新型职业农民，肩负着时代赋予的历史使命，更要以自己的事业为己任，艰苦创业，全身投入。敬业精神是一种基于挚爱基础上的对工作对事业全身心忘我投入的精神境界，其本质就是奉献的精神。具体地说，敬业精神就是在职业活动领域，树立主人翁责任感、事业心，追求崇高的职业理想；培养认真踏实、恪尽职守、精益求精的工作态度；力求干一行爱一行专一行，努力成为本行业的行家里手；摆脱单纯追求个人和小集团利益的狭隘眼界，具有积极向上的劳动态度和艰苦奋斗精神；保持高昂的工作热情和务实苦干的精神，

把对社会的奉献和付出看作无上光荣；自觉抵制腐朽思想的侵蚀，以正确的人生观和价值观指导和调控职业行为。

(三)认清责任，勇于担当

作为新时期的职业农民，能够担当，就意味着是要有担当重任的能力。“勇于担当”的前提是要做到能够担当，这需要职业农民就必须不断学习、不断实践、不断总结。通过学习先进的管理思想、管理技能。运用战略思维、辩证思维、法治思维来解决问题。

敢于担当，就是要有负责担当的底气。树立正确的价值观、人生观做到自重、自省、自警、自励；不断加强自身修养，不为物欲所惑，不为人情所扰；堂堂正正做人，老老实实做事。

【案例导引】

扎根农村成为职业农民　发展不忘回馈社会

上海市青浦区新型职业农民怀晓华是个80后的青年，从小在“鱼米之乡”的淀山湖畔长大。21岁那年，由于家庭变故，所有的重担都落在了他一个人的肩上。自此，他逐渐意识到自己不能再像从前那样依赖别人，必须尽快成长为有责任感、有担当的青年。在艰难困苦的日子里，在巨大的压力下，他每天只能睡3～4小时，在生活的磨难中他越发成熟，在不断地努力十年中，他积累了丰富的经验，也攒下了人生的第一桶金。

他在上网的过程中，注意到，近年来国家对农业十分重视，萌生出务农的想法。而且他认为从事农业生产，技能为国家出一分力，也能开创一番事业，2013年，他踊跃参加了青浦区的职业农民培训，通过培训，他掌握了科学的农业生产技术和农机使用方法。机会总是留给有准备的人，在同年，村里对作物(水稻以及大麦、小麦)种植经营权进行公开招标，怀晓华参加投标把多年打拼的钱全部投入投标，并成功获得了450亩土地种植经营权。为了种好粮食，他常常与经验丰富的农民进行交流，学习种植经验。在农机技术方面，更是虚心请教。2014年，他从几个老农户那里流转了300余亩土地，这样他种植的土地达到800亩，他关注最多的网站就是中国新型职业农民网，不断地提升自我。

经过与农业中心领导协商，他成立了上海馨祥农机专业合作社。组建了一支既懂机械操作又懂农业种植管理的机农服务队伍，并实施“机农一体”的经营模式。机农服务不仅大幅度提升了作业效率，还为周边农户提供了便捷的农机服务，大大提高了合作社成员的收入。合作社陆续购买东方红704中型拖拉机1台，纽荷兰550中拖旋耕机1台，洋马AW70收割机2台，以及播种机、开沟机、水田耙、是飞机、农田平板拖车等多种农机具，在实践操作中，怀晓华和员工都深刻地体会到科技的力量。2014年，合作社成员年分红6万多元。

2015年，怀晓华把所有的资金都投入农业失业中，共取得2 050亩水稻、小麦种植经营权。同时，合作社又吸纳本地成员3人，又向农委申请增添2台久保田888收割机，2台久保田拖拉机，4台烘干机，1台直播机。

作为一个从贫困家庭中走出来的孩子和受过新时代教育的有为青年，他不仅满腔热情，勇于担当，更有一颗回报社会的心，他每年出资5 000元勇于帮助贫困家庭以及改善村里退休农民的娱乐活动，2015年，在取得成绩的同时，又出资3万元，资助本村的退休人员。

二、培育职业农民的市场意识与就业能力

(一)提高职业农民的市场意识

农民要学会经营，就一定要树立市场意识，适应农业和农村经济结构的战略性调整，积极培育龙头企业，推进农业产业化经营，解决好小生产与大市场的矛盾。因此，培养新型职业农民市场意识对于提高农民的整体素质，推进农村产业结构调整，提高农业效益和竞争力都有着十分重要的意义。

1. 市场意识的含义

市场意识通常是指以市场经济规律来安排和开展生产经营活动的指导思想。新型职业农民是社会主义新农村建设的主力军，要适应农村适度规模经营、现代化大生产和社会主义市场经济发展以及构建社会主义和谐社会的需要，新型职业农民必须具备比较敏感的市场意识。因此，新型职业农民市场意识主要包括市场参与意识、市场竞争与合作意识、市场风险意识以及市场约束意识等。

2. 我国职业农民的市场意识薄弱的现状

(1)我国相对封闭的地理环境形成了农民传统的安土意识

自古以来，中国农民生活在东亚大陆上，东临太平洋，西有沙漠戈壁，西南则有“世界屋脊”之称的青藏高原。这种一面临海、三面是险阻丛生的陆路交通的地理状况，一方面造成了中国农民与外部世界的隔绝，从而形成闭锁内向的思维定势和自足心理；另一方面又使中国农民的生产和生活方式基本上是在本土上自生自长，

很少受外部世界的影响。在这种地理环境的长期影响下，农民形成了一种安土重迁的封闭思维和意识。具体表现：农民的思想意识都比较保守，眼界狭窄，不愿意接受新事物、新观念，害怕风险、不愿创新；在行为方式上，除了战争、自然灾害等不可抗因素之外，传统农民很少有迁移行为。

(2)长期的教育投入不足和教育理念的落后制约了农民市场意识的培养

目前，中国教育投资比例仍然偏低。经过党和政府多年的努力，各类教育投入尽管近几年已达到 GDP 的 4%左右，但仍然低于 4.9%的世界平均水平，也低于不发达国家的平均水平。特别是在农村基础教育和农民培育方面的投入更显不足。因为教育投资少，致使教育基础设施建设仍然落后，现代化教学设施如网络教育、远程教育远不能满足农村教育发展的需要。教育理念的落后，致使应试教育在我国始终占据主导地位，素质教育难以有效启动。当前，农村教育最大的问题在于其目标的应试性、城市性、离农性，教育目标一元化。在欠发达国家，由于学校体制过分集权化，教材内容基本由城市决定，许多人把农村教育仅仅看成是升学、就业的手段，与农业生产、农村经济发展严重脱节。

(3)城乡二元经济结构和政府政策影响了农民市场意识的提高

新中国成立后，我国选择了苏联式的工业化发展道路，在产业关系上向重工业倾斜，在城乡关系上向城市倾斜。为了保证城市工业体系的建构，国家先后实行了户籍制度、人民公社制度、城市劳动就业制度、社会福利保障制度等 14 项制度，将农民牢牢地禁锢在土地上，束缚了农民个人的发展，使得农民的传统意识更加强烈。这种经济社会结构为城市和工业培养了大量的人才，却使城乡差距扩大，大量人才集中在城市而不愿意去农村，造成我国农民的整体素质长期低下。

在这种城乡二元经济结构环境下，"我们国民收入分配政策不合理，忽视农民、忽视农村"。农民的社会地位低下，农民就业机会和受教育的机会都受到一定的限制。农民的社会保障权，农民的医疗保险和养老保险以及农民的失业保险等待遇与城里人有较大差别。进城的农民也大多从事城市人不愿干的苦活、脏活、累活或危险工作，并且得不到其应有的报酬。农民的弱势地位直接影响了农民市场意识的提高，也阻碍了农村现代化和新农村建设的步伐。

(4)大多数农民的市场意识稳定性差和盲从性强

改革开放以来，许多农民虽然改变了相对单一的农业生产方式，走出了相对落后的农村，但是他们仍然对土地，对农业及农村有较深的依赖感，对市场总是有恐惧感。近年来许多地方的农民还特别担心国家会改变农村及农业发展政策。因此，农民参与市场经济的态度存在不稳定性。同时，不管是在农副产品走向市场方面，还是在农村劳动力商品化方面，许多农民都表现出很大的盲从性。一方面是因为我国的商品经济起步较晚,发展时间较短,社会主义市场经济体制初步确立,还有很多不完善的地方,各地市场的具体情况复杂而难以把握;另一方面也跟农村劳动力自身受教育水平低,掌握信息少,分析判断能力差有关。这种盲从性导致对某种农产品生产一哄而上的状况时有发生。

(5)农民的自身因素阻碍了市场意识的培养和提高

从客观条件上看,由于中国区域经济发展不平衡,使得不同地区农民的经济水平也相差悬殊,农民的经济条件直接影响了农民市场意识的提高。东部地区农民受市场经济冲击较大,市场意识相对较强,中西部地区还有很多农民没有走出去融入市场经济的大潮中,市场意识薄弱,再加上城乡居民收入差距不断增大,农民缺乏各种社会保障,从而严重阻碍了农民市场意识的提高。

从主观条件上看,农民自身存在着较浓厚的小农意识,思想观念保守落后,满足现状,小富即安,怕冒风险,只顾眼前的物质利益,对长远利益和整体利益关心不够。这种落后消极的思想观念,使他们对市场经济的认识不足,市场意识淡薄。缺乏主动参与市场、适应市场、预测市场的能力,不懂价值规律,不能通过市场实现自己的利益,无法形成成熟的市场经济意识。面对市场没有开拓精神和创新意识,不能根据供需关系的变化决定生产、开发新产品。

3.探讨培育职业农民市场意识的途径

(1)通过各种教育培训以培养新型职业农民的经营和市场参与意识

首先,要重视农村的基础文化建设。广泛深入地普及科技知识,传播科学思想和科学精神,使广大农民树立科学的世界观。开展时事政治、国情教育,使广大农民摆脱小农意识,树立大局意识。加强农村义务教育,增加对子女的文化教育投资。这既是培养新型职业农民的必由之路,也是培养中、高级科技、教育专门人才的基础和前提。

其次,要注重教育培训的内容和形式。农村职业教育是当前大规模提高农民文化素质及技术能力的治标良药。农村职业教育要面向未考入大专院校的初高中、应往届中青年、现役及后备职业农民,进行实用技术、市场经营的教育和培训。职业学校应"接地气",结合当地实际设置专业,开设农业科技知识课程和实用技术课程,以培训实用新型技术为主,同时,培养他们的市场意识和经营意识,使他们成为有技术、善经营、会管理的新型职业农民。农村成人教育还要重点培养农村基层干部、种养加销大户和家庭农场主及专业合作社人员的市场意识,他们是农村经济发展中的骨干,强化对他们的教育培训工作,做到以点带面、分层次有重点地进行,以带动和影响周围的农民。培训方式要结合实际,通过典型引路、示范带头、参观考察等多种形式,提高针对性和实践性。

(2)成立多种农村经济合作组织提高职业农民的市场竞争和合作意识

从一家一户的单干到分工协作是从自给自足到走向市场的必由之路，据农业部资料显示，到2003年底，全国农村已出现了18种类型的专业化合作经济组织和专业协会，多达15.27万家，覆盖生产、加工、储运、销售、科技等诸多领域，加入专业化经济合作组织的农户收入比一般农民高10%～40%，对其他农户具有极强的吸引力。这种合作组织是亿万农民从家庭联产承包制的伟大创举之后又一个新型的历史创造，也是我国农民从个体经济状态走向农业现代化的必由之路。

“农民组织化是引导当代中国农民顺利走进社会主义市场经济的必然的选择。”从十六届三中全会上提出“支持农民按照自愿、民主的原则，发展多种形式的农村专业合作组织”到2006年10月31日通过的《中华人民共和国专业合作社法》，都表明我国对发展新型农民专业合作经济组织的重视。目前，合作经济组织已经成为大多数农村社会经济发展中不可替代的力量。实践证明，合作经济组织的存在和发展是增强农民市场意识的重要手段，也是市场经济发展的必然要求。

(3)搞好基础设施建设为增强新型职业农民的市场意识提供保障

十七届三中全会通过的《中共中央关于推进农村改革发展若干重大问题的决定》中指出：加强农村基础设施和环境建设。加强农村公路建设，确保“十一五”期末基本实现乡镇通油(水泥)路，进而普遍实现行政村通油(水泥)路，逐步形成城乡公交资源相互衔接、方便快捷的客运网络。推进广电网、电信网、互联网“三网融合”，积极发挥信息化为农服务作用。

农村基础设施，尤其是交通和信息网络设施建设好了，才能使农民走出去亲身感受市场经济的影响，才能调动农民走向市场的积极性和主动性，提高新型职业农民的市场信息意识。为此，政府必须重视此项工作，并充分发挥其组织领导的作用，从资金投入、政策扶持和管理协调等方面来促进农村基础设施建设的发展。逐步形成城乡结合，相互促进的市场网络，使农民能及时收集和分析市场行情，掌握商品供求、价格涨落的动态和走势。有条件的地方政府还可为农民订阅各种专业报刊，举办各种学习班，进而为农民致富提供市场信息的保障。

【知识拓展】

国外农民合作组织发展的经验借鉴

在农业发展日趋市场化、国际化的今天，加强农民间的合作，提高农民组织化程度，对于创新农业经营体制、加快传统农业向现代农业转变、推进农村现代化建设具有重要意义。农民合作组织在国外经过100多年的发展，因各国的政治、经济、社会文化条件不同，而形成了不同的类型，根据它们的显著特征，可以划分为以下三种类型：

以德国、法国为代表的专业合作社。这类合作社的主要特点是专业性强，即以某一产品或某种功能为对象组成合作社，如奶牛合作社、小麦合作社，或销售合作社、农机合作社等。合作社一般规模都比较大，本身就是经济实体。为形成规模优势，保障合作社利益，合作社之间的联合或合作逐步增强，已涉及农业产、供、销、信贷、保险和社会服务等各个环节，不仅大多数农户和农业企业进入了不同类型的合作社，许多城镇居民也加入了合作社，形成了比较完整的合作社体系。如法国农村合作经济包括农业互助组织、农业合作社和信贷合作三方面。法国的农业合作社主要指流通、服务和生产领域的合作社。法国流通领域的合作社在农村合作经济里占有主要地位，对于增加农民收入，减少农业生产成本，提高农民素质，实现农业现代化，推动农村经济的发展等起着巨大作用。德国合作社基本上都是在国际合作社原则基础上组建和运行的，为了更好地为成员提供服务，维护成员的利益，合作社都建有区域合作社联盟和全国合作社联盟。

以日本为代表的综合性合作社。这类合作社的主要特征是以综合性为主，日本、韩国、印度、泰国以及我国的台湾所建的合作社都属于这一类型。在日本有综合性农协，根据社员的需要开展多种多样的服务，主要有农产品销售服务、信用服务等。日本农协是半官半民的组织，它既是农民为保护自身利益而自发建立的群众机构，又是日本政府借以推行农业政策的中介机构。日本农协的组织体系分为三个部分：农协的全国性组织、农协的县级组织和基层农协。基层农协分为以农户为服务对象的综合农协和以特定农业生产者为服务对象的专业农协。日本农协的县级组织主要包括县级农协中央会、县级供销联合会、县级保险联合会、县合作信贷联合会、县级专业农协联合会等组织。各种县级联合会是基层农协通过入股方式而联合组成的组织，它们又联合成立县级农业协同组合中央会；日本农协的中央级组织由基层农协和县级联合会入股组成，它与县级组织基本上保持了对应关系。

以美国、加拿大为代表的跨区域合作社。这类合作社的主要特点是跨区域合作与联合，以共同销售为主。美国的农场主合作社中，销售合作社的历史最长，数量多，规模大，在牛奶、水果、蔬菜等领域占有较大的市场份额，涌现了不少国际驰名品牌，在农业中的作用也最重要。销售合作社经销的农产品几乎覆盖所有的农产品品种。但大多数销售合作社一般只经营一种农产品，经销两种或两种以上农产品的合作社为数极少。销售合作社并不仅仅从事销售，许多合作社的业务范围涉及到农产品的收购、运输、储藏、检验、分级、加工、包装以及最终产品的销售等多个环节。美国的农业合作社，其运作遵循三个原则：一是使用权拥有原则，即拥有所有权的人必须享用合作社的服务；二是使用者控制原则，合作社实行企业化运作，由全体成员民主管理和控制，在管理活动中，所有成员都只有一票的权利，人人平等；三是谁光顾谁得利原则，也就是合作社赚的钱，要根据会员与合作社的交易额来返还给会员。

农民合作组织的建立按照“平等、自愿、互利”的原则创办，尊重农民的意愿和选择，进入与退出自由；实行“民办、民管、民受益”的运行机制，自主经营，自我管理，自我发展，自我约束，对内以服务为宗旨，不以赢利为目的。国外农民合作组织还具有管理现代化、制度紧密化、服务专业化、政府支持的体系化和经营的规模化、一体化、跨国化等特点。

(二)提升职业农民的岗位能力

传统的农民形态向职业化形态转变初期的新型职业农民，知晓与掌握岗位、岗位能力的内涵与提高岗位能力的有效途径，对于全面提升职业农民综合的岗位能力，加快培养传统的农民形态向职业化形态转变的合格的新型职业农民有着重要的基础作用。

对象主要是从事农业生产、经营、服务和农村社会事业发展等领域工作的职业农民以及农村新增劳动力，包括专业大户、家庭农场经营者、农民合作社负责人、农村经纪人、农业企业经营管理人员、农业社会化服务人员和农村基层干部等。目的是培养具有高度社会责任感和职业道德、良好科学文化素养和自我发展能力、较强农业生产经营和社会化服务能力，适应现代农业发展和新农村建设要求的新型职业农民。

1. 关于岗位

岗位是指在一个特定的组织(政府机关、企业、事业单位、军队等)中，在一个特定的时期内，由一个特定的人所担负的一个或数个任务的组成。简言之，岗位就是某个工作人员需要完成的一个或一组任务。

岗位通常也称职位，在许多时候岗位就被认为是职位，但岗位跟职位还是有明显不同的。职位是组织机构重要的构成部分，是按规定担任的工作或为实现某一目的而从事的明确的工作行为，由一组主要职责相似的岗位所组成，它是随组织结构定的，一般是将某些任务、职责和责任组为一体成为职位。

一个岗位是指由一个人所从事的工作，因此岗位是随事而定的，也就是我们常说的因事设岗，它是组织要求个体完成的一个或多个任务以及为此赋予个体的权力的总和。而一个职位则泛指一个阶层(类)，面更宽泛，笼统但不具体。

所以岗位与人对应，通常只能由一个人担任，一个或若干个岗位的共性体现就是职位，即职位可以由一个或多个岗位组成。比如：一个养殖企业的生产部门的饲养员是一个职位，这个职位由很多岗位的员工担任。这个企业的副总经理是一个职位，这个职位由多个岗位的副总经理担任，如主管生产的副总经理、主管销售的副总经理、主管行政的副总经理等。

2.岗位能力及其内涵

岗位能力是指担任某一特定的任务角色所需要具备的能力素质的总和，简单地说就是完成职业岗位任务的能力。理论上讲，每一个岗位都有特定的能力要求，比如学历水平、培训经历、工作经验、身体条件等，这实际上是对岗位工作人员完成岗位职责提出的任职要求。就新型职业农民来说，生产、服务、经营型的职业岗位也十分庞杂，岗位设置、职级构成也并没有一个统一的规范，试图给每个岗位明确特定的能力素质，需要结合农业企业或合作组织本身的性质、特点来确定。但就一般意义上说，岗位能力需要从以下几个方面来界定：

(1)通用能力

这是每个从业者都应具备的一般性能力要求，比如沟通能力、学习能力、创新能力、进取能力、执行能力、自控能力等，其中比较重要的是学习、执行、进取、创新四个方面的能力。

(2)专业能力

这是每个从业者都应具备的专业性能力要求，比如计划能力、信息能力、岗位操作能力等，关键是岗位操作能力。

一个人的岗位能力必须兼具通用能力和专业能力，前者是基础，后者是关键，两者需要均衡发展，不可偏废。

3.提高职业农民岗位能力的意义

(1)是新型城镇化和农业现代化的迫切需要

农业现代化的根本任务，一是大力发展农业产业化，积极推进农业结构调整，依靠科技支撑，由“生产导向”向“消费导向”转变；二是积极发展多种形式的适度规模经营，引导和规范土地经营权有序流转，发展各类新型农业经营主体，鼓励和支持多种多样的规模经营；三是建设资源节约、环境友好的农业，加强耕地质量建设，严格保护耕地和水资源；四是加大农业政策和资金投入力度，统筹整合涉农资金，创新农业投融资机制，健全金融支农制度；五是用好两个市场两种资源，创新农业对外合作方式。在这样的发展背景下，就是要积极稳妥地推进新农村建设，加快改善人居环境，提高职业农民素质，推动“物的新农村”和“人的新农村”建设齐头并进，所有这些都离不开一个重要的支撑那就是农民角色的转化，即传统农民向新型职业农民的转化。

（2）是现代农业生产服务和经营的需要

现代农业的实质是农业的生产组织、生产管理、生产经营、生产工具、劳动者等方面，具有先进科学技术水平和管理水平，其突出特征和重要前提是需要高素质的农业经营管理人才和专业技术劳动者。在2013年中央农村工作会议上，习近平总书记强调，“要把加快培育新型农业经营主体作为一项重大战略，以吸引年轻人务农、培育职业农民为重点，建立专门政策机制，构建职业农民队伍，为农业现代化建设和农业持续健康发展提供坚实人力基础和保障”。因此，新型职业农民是伴随现代农业发展的新型生产经营主体，是构建现代农业经营体系的基本细胞，是发展现代农业的人才基础。

（3）是新型职业农民自身发展的需要

新型职业农民是指以农业为职业、具有一定的专业技能、收入主要来自农业的现代农业从业者，主要包括生产型、服务型和经营型职业农民。新型职业农民与传统农民的区别在于：一是从事专业化、规模化、集约化、标准化的农业生产和经营；二是以获取经济利润为目的，能够取得社会平均收益；三是由农民身份向职业转变，作为一种独立的职业，具有相应社会保障和社会地位并获得广泛的社会尊重。

4. 职业农民的岗位能力内容

（1）通用能力的要求

作为从业者的一般性能力，很多人认为这是综合素质的表现，比如高度的社会责任感和职业道德、良好的文化素养和自我发展能力等。现在就学习、执行、进取、创新四个方面，来看新型职业农民岗位能力方面中通用能力的要求。

学习能力　保持开放心态及好奇心，敏锐感知变化和挑战，快速并持续不断地获取知识和经验，有效地将习得的知识和经验转化为技能和观念，在自己的实践中总结经验和教训并能形成规律性认知。

创新能力　不受陈规和既有经验的束缚，不断改进工作学习方法，快速适应新观念和新形势发展的要求，敢于承担风险去尝试新措施和新方法。

执行能力　尽职尽责有良好的职业道德和强烈的职业使命感，工作兢兢业业且乐于为自己的职业去奉献，注重工作方法和效率，能够迅速理解上级意图并形成可操作的方案，在规定时间内能整合资源条件并高效完成任务，勇于承担责任并能克服困难和压力。能够以组织的利益为出发点、把个人成长与岗位紧密结合、对自己和组织的长远发展负责。

进取能力　渴望有所建树并争取更好的发展，为自己设定较高的工作目标并出色完成，不断提升自己的综合能力和素质。

(2)专业能力的要求

专业性能力是一种与具体的岗位紧密相关的能力，有人也将其称为专业技能或核心技能。对于新型职业农民来说，就是农业生产、服务和经营等各类经营实体中的实际操作能力。

计划能力　能结合岗位职责明确工作目的且规划感强，通过计划能细分每日工作并对计划推进节奏精心控制，发现问题及时处理并对计划作出相应的调整。

信息能力　能够较熟练地操作计算机，重视专业信息的收集和积累，能整合信息并从零散的信息中分析新动向、建立适当的信息反馈渠道并提出恰当的建议；能够利用农产品物流网、电子商务、智慧农业和大数据等信息平台进行农业生产、经营和服务。

岗位操作能力　能够理解和运用本专业所必需的基本知识和基本技能、熟练掌握本专业的专门技术并能解决在实际工作中遇到的问题，不断积累工作经验并持续地提高专业水平，还能够了解相关专业的基本知识并在需要的时候转换专业。

5.提高职业农民岗位能力的途径

【案例导引】

职业农民培育的安康模式

2012年12月，安康市围绕职业农民培育工作，出台相关文件。即：《关于切实加强职业农民培育工作的意见》及茶叶、生猪、渔业、蔬菜四个重点产业领域的职业农民培育方案。

为推动职业农民培育工作，促使职业农民培育管理工作尽快走上规范化发展轨道，2013年6月正式出台了《安康市职业农民资格认定管理暂行办法》，本办法对职业农民的申报条件、教育培训、考试考核、资格认证和管理服务等方面做了明确规定。立足农业产业发展，分级分类开展培育。主要内容：认定管理的原则是坚持政府统筹、农民自愿、动态管理和公开公正、平等择优、德绩并重的原则。在职业农民资格类型上划分为生产经营型、专业技能型和社会服务型三大类型。认定专业分为设施园艺业、规模种植业、规模养殖业、休闲观光农业、农产品加工业、现代农业服务业六大专业。经过培育符合认定管理要求的颁发《安康市职业农民资格证书》，取得《安康市职业农民资格证书》的职业农民，享受行业优惠特惠扶持政策。同时，在该市农业创业就业的外地人员，也可按照有关政策和程序参加职业农民教育培训及资格申报认定，并享受同等优惠扶持政策。

具体做法：

(1)调查摸底选苗子，明确培育对象

安康市通过深入各区县镇、村组、农户、园区、合作社、企业摸底调查，对符合条件的农业从业者进行填表登记造册。经过认真筛选，全市达到职业农民标准的有15 250人，这为全面推进、准确选择职业农民培育对象提供了依据。

安康市在试点阶段，把职业农民培育的重点放在内生的生产经营型职业农民上，即现有的现代农业园区、农业企业、产业联盟户、农业专业合作社业主及家庭农场主、规模种养大户、科技示范户等，通过对他们开展一系列的农业职业教育和技能培训，首先把这部分农民培养成为符合职业农民能力素质要求的现代农业生产经营者，以此来示范带动其他农民。

(2)围绕主产建基地，搭建培育载体

安康市按照“规模化种植、标准化生产、品牌化销售、产业化经营”的要求，在全市确定了“猪、菜、茶、渔”作为培育的重点产业，把农业园区、龙头企业、强村大社作为职业农民培育的实训基地和成长摇篮，通过壮大发展主导产业来培育职业农民。

据了解，目前安康市重点在500多个千头以上养殖场、154个现代农业园区、663个农民专业合作社和76个龙头企业中开展职业农民培育工作。从去年9月开始，阳晨牧业科技有限公司依托产业联盟，开办了生猪养殖大户、规模养殖场业主会员参加的职业农民培育培训班，目前已举办4期；石泉县依托生猪养殖强村明星村，对规模养殖大户进行培育培训，目前已举办3期；旬阳县在双河隆科农业园区、甘溪仕翔农业园区、城关镇永志养殖场和甘溪秋林专业合作社建立4处实训基地，依托基地举办培训班5期。

(3)职业塑造“三部曲”，完善培育路径

“培育职业农民，不是一项简单的教育培训任务，需要从环境、制度、政策等层面引导和扶持，重点是要构建包括教育培训、认定管理、政策扶持等相互衔接、有机联系的国家制度体系。”开展教育培训，增强职业农民综合素质。作为职业农民培育的一项重要手段，安康市不断探索教育培训模式。据了解，目前实践中比较受欢迎的有三种模式：

①进场入园到社模式，依托产业联盟、龙头企业、现代园区、强村大社为载体进行技术培训。

②行政区域联片模式，政府引导对行政区域联片范围内的种养殖大户开办培训班。

③集中办班模式，在农广校和农技中心、畜牧中心、能源站、农经站合作组织全

区机防手、养殖大户、沼气工、专业合作社等人员培训。”按照“理论授课、基地训练、异地交流、技能鉴定、扶持发展”的方法，专心打造职业农民队伍。

（资料来源：陈遇春.教育部中职校长培训班讲座.西北农林科技大学.2014）

［案例点评］安康市依托“职业农民资格证书”，通过筛选培养对象，围绕主产建基地，搭建培育载体，形成进场入园到社模式、行政区域联片模式和集中办班模式三种培育模式，结合取得《安康市职业农民资格证书》的职业农民，享受行业优惠特惠扶持政策，取得了较好的效果。

河北省职业农民培养的“送教下乡”模式

为了培养与社会主义新农村建设要求相适应的，有文化、懂技术、会经营，在农村生产一线“留得住、用得上”的技术人才，成为具有综合职业能力的新型职业农民，由熟悉农民教育特点，符合农村农业生产实际，拥有涉农教育专业和相关的教师、教学设施、实践基地等必需的基本办学条件的中等职业学校承担教育教学任务。

招生对象为具有初中毕业或同等学力，年龄45周岁以下，农村党员、入党积极分子、基层干部、村后备干部和返乡农民工、农村专业户、复转军人等有志在农村创业的社会青年。

招生纳入当地年度中职招生计划。学员自愿报名，学校统一录取，实行注册入学，享受全日制中职学生待遇。学完规定的全部课程，经考试考核成绩合格后，颁发中职毕业证书。

教学形式根据农村生产实际和学生现实状况，合理安排教学活动，集中学习与生产实践相结合，农闲时间集中上课，农忙时间兼顾学习和工作。理论教学采取集中讲授与小组学习、个人自修、面授辅导相结合的方式；专业技能教学采取在教师指导下，边学习边生产、边工作边实践的方式进行。

教学内容强调专业知识学习，重点进行专业技能培训，实践教学贯穿学习过程的始终。课程设置包括公共基础课、专业基础课、专业技能课和综合实践课四大模块。

［案例点评］河北省开展的“送教下乡”培养职业农民模式，与以往完全不同，开展的是学历教育，对培养目标、培养方式、教学内容、培养质量等提出了更高要求。“送教下乡”不仅考虑到学习内容和方式能够符合和满足农民学员生产生活实际需要，而且要保证与全日制学生相比，学时数基本不减，培养质量基本不降。自2009年启动以来，经过不断探索，“送教下乡”逐步形成了自己独具特色的办学模式。

提升职业农民的岗位能力，不是一项简单的技术培训任务，需要制定一个系统的培训方案，包括学习能力、执行能力、进取精神、创新能力以及信息技术、规划经营和专业岗位操作能力等综合能力提升方案；需要明确一个完整的能力考核标准；需要建立从环境、制度、政策等层面引导和扶持，加快提升职业农民具备岗位能力，促使传统的农民形态向职业化形态转变为合格的新型职业农民，使每个职业农民都应明确“我是一个什么样的职业农民？我将来想做什么？我能做什么？”着重解决一个问题，就是认识自己的职业农民的岗位能力特征，并据此来确定自己的个性是否与理想的职业相符，从而对自己的优势和不足有了一个比较客观的认识，结合环境如市场需要、社会资源等，才可以科学确定自己通用能力提高的方向与途径，加快提升职业农民具备岗位能力，必须从下述几方面着手：

(1)依托专业学习，提高职业农民的岗位能力

职业农民应在培育期间形成基本的通用能力，学会学习，学会生存，学会发展。职业农民应在学习和工作中主动培养自己的组织管理能力。如组织管理团队，能设计并组织实施各种形式的调查考察与科技考察等。职业农民除学习知识、培养技能以外，可以通过走访现代农业和科技示范园区，调查岗位能力需求和开展创业能力拓展训练。通过采取参与式、互动式、案例式的教学模式对培育对象进行创业意识、创业技能培训，提升其创新精神和创新意识，为将来真正走向打造核心竞争力。

(2)参与现代农业的科技考察等实践活动，培养职业农民的岗位能力

职业农民应经常参加社会实践活动，有效地将理论知识与实践很好地结合起来，增强自我的现实感知力，提高市场适应能力和应变能力。在培育实践中，对职业农民既应强调智力因素的开发，更应注重非智力因素的挖掘，通过团队调查考察、情景训练与关键技术现场指导培训与专业调查与考察等形式，自我管理、自我教育，增强承担实际工作压力的能力。职业农民只有积极参加现代农业科技示范园区生产实践现场培训等，才能不断认识自我，才能有针对性的提高自己的通用与专业能力。

(3)善于自我总结与提高，提升职业农民的岗位能力

“每日三省吾身”是通过事件总结自我、提高能力的最佳途径。培养动机是总结与提高的内在机理。职业农民只有不断总结自己能力培养的历史，认清自我努力的动机，才能推动自身不断提高与发展自己的通用能力。因此加强对职业农民的跟踪服务指导培训。在农业生产、经营管理的关键环节，通过快捷的渠道和有效的方式为培育对象提供及时的技术指导和服务。就会不断提高新型职业农民的岗位能力。

(4)整合涉农资源,健全培训体系

一是学校培训为主体,理论知识课堂培训。以能力为导向,比如信息技术能力、学习能力、规划经营能力,比如专业技术能力中的畜禽标准化饲养管理、秸秆青贮技术,日光温室标准化生产、特色林果生产、苗木培育管理、病虫害识别及防治、无公害生产等技术以及农民创业知识和农村法律法规等专业知识,对培育对象进行集中培训;二是依托科技示范园区生产实践现场培训。在生产、加工、经营等关键环节,组织农、林、牧等专业教师及技术人员,对培育对象进行关键技术现场指导培训;三是创业能力拓展训练。通过采取参与式、互动式、案例式的教学模式对培育对象进行创业意识、创业技能培训,提升其创业能力;四是跟踪服务指导培训。在农业生产、经营管理的关键环节,通过快捷的渠道和有效的方式为培育对象提供及时的技术指导和服务。不断提高新型职业农民的岗位能力。

【知识拓展】

培养职业农民的国际经验

(1)美国于1862年制定并通过了《莫雷法案》,规定成立56个州立农学院。以1914年的《史密斯——利费农业推广法》、1917年的《史密斯——休斯法案》、1962年的《人力开发和培训法》和1964年的《经济机会法》为依据,美国建立了一个相当完整而庞大的农民教育科教体系。通过实行农业教育、科研、推广"三位一体"的方式,培养职业农民开发农村人力资源。

(2)日本农民培训由国家统筹规划,政府农业部门与相关部门分工指导和协作,以教育系统为农民培训的主体,农业改良普及事业系统予以配合。目前,日本全国有52所农业类大学,其中国立1所,县立48所,私立3所。

(3)韩国农民教育与培训是由国家统筹规划,政府农业部门和相关部门分工指导协作完成。韩国《农渔民后继者育成基金法》规定对农渔民后继者提供援助资金,提供精神教育和技术教育。该法案为培养农业后继者和专业农户提供了法律保证。

(4)荷兰则是将农业教育与基础教育紧密结合,小学高年级阶段就开展预备农业职业教育。荷兰农民大部分是高级或中等专业农校毕业,且每年还有20%左右的从业农民进入各类职业学校接受继续教育。

(5)英国的农民职业资格证书分为农业职业培训证书和技术教育证书两大系列。

(6)德国有合格证书和农场师傅证书两种,在德国所有农民即使受过高等教育也必须经过不少于3年的农业职业教育。

(7)加拿大推行“绿色证书”制度，不获得绿色证书不能成为农民，不能继承或购买农场。

综上所述，不同国家由于国情和资源禀赋不同，选择农业现代化发展的道路也不同，但有一个共同点就是都将培育职业农民作为推动农业发展的核心力量，把教育培训作为培育职业农民的重要手段。

普遍的做法是重视保证农业后继有人，重视农业经营资格准入，确保宝贵的农业资源让高素质的农民来使用和经营；重视持证农民的权益保护，给予持证农民政策优惠，保证农民的务农积极性；以政府资金投入为主渠道，保证农民教育培训需求等。

三、提升职业农民的经营管理能力

处于从传统的农民形态向职业化形态转变初期的新型职业农民，知晓与掌握提高经营管理的内涵与提高经营管理能力的有效途径，对于加快提高职业农民经营管理能力，加快培养传统的农民形态向职业化形态转变的合格的新型职业农民有着重要的提升作用。

【案例导引】

老陈经营二三事

老陈，男，重庆市开县人，善经营，能管理，多次参加县乡两级农业技术培训，2013年取得重庆市新型职业农民培训农机执业资格、农民技术员资格。老陈自有家庭承包耕地0.25公顷，2009年开始流转其他农户耕地种粮，2014年流转经营耕地规模达到100余公顷，主要从事粮食规模生产经营和农产品精深加工、销售。注册有独立的大米商标品牌。其资金来源一是靠自身多年经营积累，二是依靠中央和市县各级政策项目补助，三是依靠本县大户信贷办法贷款等。在技术上，多次参加各级培训外，县农委遴选了1名粮油产业技术专家和1名植保专家结对帮扶，街道办农业服务中心派驻1名高级农艺师长期蹲点。购置插秧机、三久谷物干燥机、久保田联合收割机和大中型拖拉机30余台套，其中谷物干燥机2台套，日烘干粮食20吨，拖拉机2台，日作业能力最高可达6.7公顷以上，水稻生产实现了从耕到插到收再到烘干的全程机械化，大大提升了劳动生产效率，降低了劳动力成本。常年雇工12人。2013年，该户粮食规模经营面积100余公顷，实现粮食总产量840

余吨，粮食出售量840余吨。着力改革耕作制度，实行稻-薯、稻-油、玉-玉轮作，全面推广稻草覆盖秋洋芋、秋菜等耕作制度，2013年，他示范推广县农委推荐的费乌瑞它、鄂薯5号等稻草覆盖技术超过10.7公顷，平均公顷产量超过34 500千克，公顷销售收入达到75 000余元，大大增加了种粮效益。陈某自购粮油精深加工生产线两条，年加工大米5 000余吨，菜籽油100余吨，家庭年收入300余万元。成为全县依托种粮、加工“两促进两增效”的典型代表。

（资料来源：http://www.kxny.gov.cn/Details.aspx? topicId=557511&ci=498&psi=37）

［案例点评］老陈的经验说明：新型农业经营，一要靠知识与技术，二要靠基本自身扎实的经营管理能力，三要靠政策扶持。政府培训、科技和资金的大力扶持，使他的经营得到较好的发展，成为全县的典型代表。

2012年中共十八大报告，提出要建立集约化、专业化、组织化、社会化相结合的新型农业经营体系，2013年中央1号文件提出，要尊重和保障农户生产经营的主体地位，培育和壮大新型农业生产经营组织，充分激发农村生产要素潜能。构建新型农业经营主体已经成为当前和今后一个时期我国现代农业建设的重大而紧迫的任务。

党的十八大报告指出：“坚持和完善农村基本经营制度，依法维护农民土地承包经营权、宅基地使用权、集体收益分配权，壮大集体经济实力，发展农民专业合作和股份合作，培育新型经营主体，发展多种形式规模经营，构建集约化、专业化、组织化、社会化相结合的新型农业经营体系。

1.新型农业经营主体的基本内涵

新型农业经营主体是指经营规模大、集约化程度高、市场竞争力强的农业经营组织。其特征主要表现在以下四个方面：一是以市场化为导向。自给自足是传统农户的主要特征，商品率较低。在工业化、城镇化的大背景下，根据市场需求发展商品化生产是新型农业经营主体发育的内生动力。无论专业大户、家庭农场，还是农民合作社、龙头企业、社会化服务组织，都围绕提供农业产品和服务组织开展生产经营活动，商品化率和经济效益明显高于传统农户。二是以专业化为手段。传统农户生产“小而全”，兼业化倾向明显。随着农村生产力水平提高和分工分业发展，无论是种养、农机等专业大户，还是各种类型的农民合作社，都集中于农业生产经营的某一个领域、品种或环节，开展专业化的生产经营活动。三是以规模化为基础。受过去低水平生产力的制约，传统农户扩大生产规模的能力较弱。随着农业生产技术装备水平提高和基础设施条件改善，特别是大量农村劳动力转移后释放出土地资源，新型农业经营主体为谋求较高收益，着力扩大经营规模、提高规模效益。四是以集约化为标志。传统农户缺乏资金、技术，主要依赖增加劳动投入提高土地产出率。新型农业经营主体发挥资金、技术、装备、人才等优势，有效集成利用各类生产要素，增加生产经营投入，生产技术水平高，具有现代经营管理意识，大幅度提高了土地产出率、劳动生产率和资源利用率。

2.新型农业经营主体的主要类型

新型农业经营主体主要类型划分为：专业大户、家庭农场、农民专业合作社、农业产业化龙头企业和经营性农业服务组织。

(1)专业大户

专业大户是指从事某一种农产品生产、具有一定生产规模和专业种养水平的农户，主要包括副业自营户和承包经营户，其经营领域较为集中、生产规模较大。专业大户是一个比较通俗的说法，目前还没有严格的概念界定，一般而言是指经营规模比传统承包农户大，从事某一品种或某一行业生产的农业经营者。

(2)家庭农场

家庭农场是指以家庭成员为主要劳动力，从事农业规模化、集约化、商品化生产经营，并以农业收入为家庭主要收入来源的新型农业经营主体。家庭农场原是指欧美国家的大规模经营农户。党的十七届三中全会提出在有条件的地方可以发展家庭农场，此后家庭农场逐渐成为我国新型农业经营主体的一个重要类型。

(3)农民专业合作社

农民专业合作社是以家庭承包经营为基础、互助经营为特征、社会化服务为内容的一种新型集体经济实现形式，其发展经历了由技术协会向专业合作经济组织的转变。

(4)农业产业化龙头企业

农业产业化龙头企业是指企业通过订单合同等方式将农户与市场相联系起来，实行贸工农、产加销一体化的经营。

(5)经营性农业服务组织

经营性农业服务组织是指产前、产中、和产后等环节为农业生产提供市场化，专业化服务的经济组织。它为农业生产提供多元化、多层次、多形式的专业化，社会化服务，已成为解决农户分散经营困难不可或缺的重要力量。

目前，我国农村确立了以家庭承包经营为基础、充分结合的双层经营体制，这是宪法的规定，也是当今各项农村政策的基石。

3.创新新型农业经营主体的基本要求

(1)完善农村土地流转服务

一是明晰农民土地权益,通过土地确权颁证稳定农民土地预期,明确承包权的财产权,鼓励农民转出土地,避免农业经营过度兼业化和事业化。二是加强土地流转服务和管理,建立基层土地信托服务中心,为土地流转创造良好的环境和平台。农村土地承包经营权流转是发展现代农业、实现规模经营的必经之路。三是完善利益分本机制,鼓励转入土地的新型经营主体与转出土地的农户建立稳定合理的利益联结机制,探索推广实物计租货币结算,租金动态调整、土地入股保底分红等利益分配办法,稳定土地流转关系,保护双方合法权益。四是研究解决农业生产性建设用地问题,农业生产性建设用地要尽可能利用集体建设用地、村庄废弃地等非耕地资源,尽可能不占或少占耕地;对于土地规模经营,若没有可以利用的非耕地,可根据实际情况允许一定比例的耕地用于建设生产性设施,如粮食仓库、烘干机房等,探索仓库租赁或粮食银行等模式,解决种粮大户的储粮问题。对于畜禽规模饲养,在严格执行相关政策的同时,也要考虑实际需要并结合乡镇土地利用总体规划,研究解决一些不破坏土壤耕作层的农业生产性建设用地问题。

(2)加快发展政策性农业保险

一是加快发展农村中小金融体系,改变在发展新型农村金融组织方面的结构性错位,把重点放在培育农村"内生"的金融组织上来,规范发展农村资金互助组织,引导农民专业合作社开展信用合作,鼓励发展真正的农村合作金融,建立政策激励与监管强制并重的办法,特别是加强指标考核,强化金融机构的支农责任,改变农村资金外流的不利局面。二是创新农村信贷担保方式,规范规模经营主体的准入标准和条件,提高金融支持规模经营的可行性,针对新型农业经营主体信贷需求特点,加强金融产品和服务创新,如鼓励提高种养大户小额信贷标准,探索"龙头企业+农户"、"基地+农户"的贷款担保模式,鼓励地方政府出资建立为农服务的担保公司等。鼓励金融机构将新型经营主体的应收账款和农副产品的订单、保单、仓单等权利,以及权属清晰、风险可控的大型机械设备、林权、水域外滩涂使用权、房屋、厂房、汽车等财产纳入抵(质)押范围。三是支持规模经营主体参加农业保险,提高财政对新型经营主体购买地方发展特色农业保险,支持有条件的省份针对当地规模较大或符合政策扶持方向的农业、有中央财政补贴的设施农业保险试点。

(3)加大对新型农业经营主体的扶持力度

一是建立土地流转农业项目优先制度。将农村土地整理、标准农田建设、农业综合开发、农业产业化、特色农业产业示范基地建设等涉农项目，尽可能与土地流转规模经营相结合，优先在现有补贴种类基础上，新增补贴向规模经营倾斜，按照土地经营面积、产出量和商品量分等进行补贴，直接补贴种养大户等新型主体。二是增加专门针对规模经营的补贴种类，由各级财政共同筹集资金，直接补贴新型经营主体。三是支持新型经营主体开展社会化服务。对领办农机服务、统防统治、抗旱排涝等项目的新型经营主体，在开办运营、技术培训等方面予以扶持，在用油、机械设备等方面给予补贴。此外，还要制定针对新型经营主体的税收优惠政策，减轻其税收负担。

(4)加快推进农业转移人口市民化

一是实施就业战略和更加积极的就业政策。坚持以人为本和实业立国，制度专项扶持政策，大力发展劳动密集型产业，切实推动服务业发展壮大，重点扶持就业容量大的现代服务业，创新型科技企业和小型微型企业，创造更多就业岗位，特别是适合农村劳动力转移就业的岗位，在农村外出劳动力返乡逐渐增多的情况下，还要大力扶持创业以带动就业。二是深化户籍制度改革。协调推进相关制度建设，以中西部地区、中小城市为重要突破口，实现安居住房、子女教育、医疗卫生、社会保障等惠及农民工的城镇基本公共服务全覆盖。在此基础上，稳步推进城乡公共服务均等化。三是深化农村产权制度改革。建立健全归属清晰、权责明确、保护严格、流转顺畅的农村产权制度，对进城农民的承包地，宅基地和集体收益分配等权益作出制度安排，建立城乡统一的产权交易市场。

(5)加强新型经营主体人才队伍建设

一是加强内部从业人员培训，使之向新型职业农民转变。把人才强化作为重大战略，以现代农业人才支撑计划为抓手，深入实施新型农村人才培养工程。主要针对返乡第一代农民工和种养大户、家庭农场主、科技示范户、农民专业合作社理事长等农村能人，通过创业培训、市场指导、资金支持等措施，着力培养一批农村发展致富带头人。大力发展农业职业教育，并扩大免费政策覆盖范围，积极开展定向委托培养，组织多种形式农业技术培训，培养大批农村适用专业人才。

二是引进外部人才。制定优惠政策，吸引大中专院校毕业生，专业技术人员等扎根农村，投身农业。从政府补贴、社会保障、项目扶持、金融服务、土地流转、职称评定等方面创新制度和政策，吸引富有创新精神、专业知识较强的大中专院校毕业生和专业技术人员在农业领域大显身手。

(6)探索农业经营主体组织模式创新

一是提高小农户的组织化程度。增强话语权，特别要重视农民专业合作社的规范发展，使之成为农民真正的合作社，选好、培养好合作社带头人非常重要。二是完善新型农业经营主体利益联结关系。推动龙头企业与专业合作社深度融合，推广"龙头企业＋专业合作社（专业协会、集体经济组织）＋家庭农场（农户）"的组织带动模式，鼓励农民以承包土地入股合作社或龙头企业，鼓励龙头企业开展利润返还、股份分红等多种方式，带动农民增加收入。

4.新型职业农民必备的经营管理能力

职业农民经营管理能力是指农民对市场预测和经营决策的方法、资金土地和劳动力资源的合理组织与管理、农产品营销管理等知识和技能。

一般来说，职业农民经营管理能力包括以下三个方面：

技术能力：开发、研究、创新、信息等专业能力；

管理能力：组织、分析、协调、计划、表达、判断等能力；

经管决策能力：洞察、预见、谋略、魄力等能力。

5.提高新型职业农民经营管理能力的措施

【案例导引】

老蔡的经营发展之路

老蔡经营了一家年加工能力在2万吨左右的大米加工厂，在米厂经营过程中，他发现农户送来的稻谷普遍质量不高，于是，他与5个朋友流转93.3公顷土地注册了一家农业公司专门种植水稻。公司实际是联户经营模式，包括老蔡在内的5个人既是股东也是员工。村里就有个水稻合作社，涉及126.2公顷土地、181个社员，但因为没有稳定的加工销售渠道，经营情况并不好。老蔡提出加入合作社，负责收购加工合作社成员的稻谷，不但保障了自己的原料来源，也解决了社员的实际困难。现在，合作社有了一个粮食烘干中心，包括1台大型插秧机、3台播种机、1台收割机和6台烘干机，合作社经营步入正轨。这样，老蔡的经济活动贯穿了农业产业链始终，以农产品加工企业业主、家庭农场经营者、联户经营公司股东和合作社成员多重身份出现，辐射带动了上千个农户，体现了十八届三中全会提出的"家庭经营、集体经营、合作经营、企业经营共同发展的农业经营方式创新"。

（资料来源：http：// szb. farmer. com. cn/nmrb/html/2013-12/17/nw. D110000nmrb_20131217_4-03. htm? div＝－1）

[**案例点评**] 老蔡的经营从家庭农场—联户经营模式—合作社，以农产品加

工企业业主、家庭农场经营者、联户经营公司股东和合作社成员多重身份出现，体现了家庭经营的独特优势通过规模适度能够得到更大程度的发挥。因此，既要坚持完善家庭经营制度，又要推动土地适度规模经营发展是一个必须长期坚持的方向。

穆海照的“十亩地”

山东省商河县的穆海照是一个极其普通的农民儿子，生活的磨砺塑造了他坚毅、执着的性格，也在他心里种下了一个梦；要靠自己改变现状。2008 年，从部队转业回来的他得知家乡正大力发展设施农业，便毅然在家乡建起 12 个蔬菜大棚，风风火火地搞起了设施蔬菜种植，可怎么也没想到，一场突如其来的大雨浇灭了他的致富梦。但他没有认输，哪里跌倒哪里站起来。此后，穆海照学习农业知识，请教教师、专家，提高自身能力。功夫不负有心人，第二年起他的蔬菜大棚就开始盈利，每个大棚净赚 1 万元。接着，他把大棚蔬菜生产向工厂化方向发展，他与当地村民实行股份合作经营，注册了商河县世金蔬菜种植专业合作社。合作社对社员实行统一供应农资、统一技术指导、统一新产品检测、统一档案管理，并注册了“十亩田”商标，带领乡亲们走上了一条致富之路。穆海照虽然自身文化水平不高，但他却懂得学习的重要性，懂得技术的重要性。于是，他参加农民创业培训，并得到专家点拨，决定开拓黑木耳市场。2012 年上半年，他试验种植 8 亩地的黑木耳喜获丰收，取得了亩收入 1 万元的纯利润。如今，穆海照经营的公司已是一家集蔬菜生产和黑木耳新品种选育、引进、试验、示范、推广、生产、销售及技术服务于一体的现代农业生产企业。在公司的带动下，商河县蔬菜、黑木耳生产已初步形成了“以市场需求为导向、认证产品为纽带、基地建设为依托、农户参与为基础”“公司＋基地＋合作社＋农户”新型农民经营管理模式发展格局。

(资料来源：http://www.sdngx.com/art/2014/1/7/art_6821_357484.html)

[案例点评] 穆海照用自己的勤劳和智慧，谱写了自己在农业经营方面精彩的一曲。新型职业农民应该以他为榜样，要善于开拓创新，努力进取，懂得经营，善于管理。

加快提升职业农民具备经营管理能力，促使传统的农民形态向职业化形态转变的合格的新型职业农民必须从下述几方面着手：

(1)了解市场、学会分析市场，提高经营决策能力

现代农业生产过程同加工、销售紧密联系，是农工商一体化的完整体系。因

此，新型职业农民必须放眼于市场大环境，要明确农业未来发展走向，拥有对市场预测和经营决策的能力。这种能力的提升除了接受专业培训，掌握系统的市场预测和决策方法以外，还要了解农产品从产到销全过程中市场所起的作用，熟悉流程，主动参与市场竞争，多渠道收集信息，调查不同农产品的市场份额，分析市场上某一农产品目前的供给状况，找出其发展规律和趋势。并对农产品在市场上的发展规律和趋势不断比较、研究发现其本质，从而指导自身对农产品的生产和销售过程做出正确决策。

(2)加强金融知识的学习、学会整合资源，提高经营管理能力

以往的农业生产中，农民对于掌握金融方面知识的意识比较薄弱，对生产成本没有一个合理的控制且农业生产计划不明确。新型职业农民要通过系统学习了解金融知识，学会控制成本。在农业发展规律下，协调生产与人力资源的管理，对从种植、培育、生产到销售的全过程进行生产资料和人力资源的合理分工，提高生产效率和资源利用率。将生产及人力管理资源不断整合发展。

(3)增强创新意识，提高研发设计能力

食品安全事件的频发，让农产品市场对产品检验更加严格。农产品创新培育模式，向高品质、高产量、低风险方向发展。农产品的质量从种植到营销中要有全面的质量监控。政府要为新型职业农民建立信息化平台，提供数据支持，培训学习网络，运用农业信息技术，使新型职业农民熟悉农产品的各个生产环境的精准标准。增强新型职业农民创新意识，提高研发新产品能力，为农产品的高品质创造条件。

【学习拓展】

加快构建新型农业经营体系

坚持家庭经营在农业中的基础性地位，推进家庭经营、集体经营、合作经营、企业经营等共同发展的农业经营方式创新。坚持农村土地集体所有权，依法维护农民土地承包经营权，发展壮大集体经济。稳定农村土地承包关系并保持长久不变，在坚持和完善最严格的耕地保护制度前提下，赋予农民对承包地占有、使用、收益、流转及承包经营权抵押、担保权能，允许农民以承包经营权入股发展农业产业化经营。鼓励承包经营权在公开市场上向专业大户、家庭农场、农民合作社、农业企业流转，发展多种形式规模经营。

鼓励农村发展合作经济，扶持发展规模化、专业化、现代化经营，允许财政项目

资金直接投向符合条件的合作社，允许财政补助形成的资产转交合作社持有和管护，允许合作社开展信用合作。鼓励和引导工商资本到农村发展适合企业化经营的现代种养业，向农业输入现代生产要素和经营模式。

（资料来源：《中共中央关于全面深化改革若干重大问题的决定》部分内容）

发达国家农业经营主体的特点

以美国、加拿大、澳大利亚等国家为代表的地多人少的发达国家有大量的可垦耕地，劳力紧张，所以选择发展大规模的家庭农场道路。这种家庭农场模式发展以美国为典型代表。

1.土地产权私有化

1776年7月，美国宣布脱离英国统治而独立，对以铁木农具、畜力和手工操作为生产力的传统农业来说，建立农业生产制度和经营组织来发展农业，成为美国新政府特别关注的问题。经过几十年的探索，于1820年确立了将公有土地以低价出售给农户，建立家庭农场的农业经济发展制度，正是这种制度的建立，促进了美国开发西部的移民热潮。19世纪30年代掀起第二次公有土地的出售高潮，1820—1830年10年间平均出售公有土地252万公顷，比1814—1819年间的85万公顷递增了两倍。1862年通过的《宅地法》，向在土地上耕作5年以上、年满21岁的个人或一家之主免费赠送1.88公顷的公有土地。这种把公有土地赠给真正需要土地的人的国法，使美国家庭农场制度在美国农村得到广泛的建立和巩固，为美国农业经济组织及经营制度奠定了基础。这种传统的美国自有产权、自我经营的家庭农场在相当的时期内，一直是美国农业经营中效率最高的经营形式，也是美国农业经营中农场经济管理最主要的经营形式。

2.组织方式多样化

随着美国现代化水平的提高，其农业经营规模的组织方式也发生了变化。从产权制度或经营方式来看，除了家庭农场外，还出现了合伙农场、公司农场。

3.农业经营规模化

从经营规模来看，美国农场可划分为大、中、小型三类农场，其整个发展与变迁趋势表现为农场数目的减少和经营规模的扩大，1935年家庭农场的数目为681.4万个，到1989年减至为214.3万个。而每个农场的平均用地从1920年的59.4公顷增至1989年的185公顷。据统计，占农场总数25%的规模最大的农场生产了全国农产品总量的85%。这里所指的大农场并非公司农场，家庭农场经营方式实际上也能像公司农场、农工商企业一样适应大规模的经营要求，并占优势地位。据统计，1969—1978年，美国家庭农场占农场总数的比重从85.4%上升至87.8%，公司农场从12.8%下降至9.7%。在绝对地位上，20世纪末美国家庭农场的比例升至89%，拥有81%的耕地面积，83%的谷物收获量，77%的农场销售额。当然那些纯粹意义上的小家庭农场面对农业生产成本上升和市场竞争的压力，则转为兼业农场或被迫卖掉举家迁入城市。

4. 农场经营专业化

农场专业化是指一个农场只生产一二种农产品。有的专门种植大田作物，有的专门种植蔬菜或水果，有的专门饲养牲畜或家禽。

5. 农业布局区域化

美国国土辽阔，地区差异明显，有着得天独厚的自然条件和丰富的农业资源。美国把全国分为10个“农业生产区域”，每个区域主要生产一二种农产品。北部平原是小麦带，中部平原是玉米带，南部平原和西部山区主要饲养牛、羊，大湖地区主要生产乳品，太平洋沿岸地区盛产水果和蔬菜。就是在这种区域化布局的基础上，建立和发展了生产经营的专业化。

6. 农业服务社会化

第二次世界大战以后，美国农业服务业通过发展，农业产前、产中、产后服务体系日益完善，大大促进了农场生产经营的专业化发展。随着商品化程度的提高和农业劳动力的减少，农场规模不断扩大，农场主愈来愈无力顾及一个从产前种子、生产资料的生产活动，产中作物生产活动，产后的加工、运输、销售等活动的全部内容。其中分解出来的一些领域就由专门的农业服务结构承担，这样家庭农场的职能主要集中于土地的产出或养殖业的直接经营管理。

（资料来源：http://www.yldj.gov.cn/ncsyzs/ncjygl/2015/4837749.htm）

四、培养职业农民的社交能力

新浪首席执行官兼董事长曹国伟在2014年出席“明日领袖论坛”时，与青少年分享了职场生涯的一次挫折——十多年前在美国会计事务所打拼时，虽然专业能力非常强，但落选了高级审计师，事后，合伙人告诉他“与人打交道的能力更重要”。这句话从此推动他走得更远。

马克思曾经说过：人是各种社会关系的总和。每个人都不是孤立存在的，他必定存在于各种社会关系之中，如何理顺好这些关系、如何提高生活质量就涉及社交能力的问题。良好的社会交往能力是获得良好人际关系的基础，是生存和发展的必要条件。

处于从传统的农民形态向职业化形态转变初期的新型职业农民，知晓与掌握社交能力的内涵与提高社交能力的有效途径，对于加快提高职业农民经营管理能力，加快培养传统的农民形态向新型职业农民形态的转变有着加速器作用，特别是在当下生活节奏不断加快、竞争日益激烈、互联网高速发展、地球已成为小村落的情况下，社交能力变得尤为重要。

1.社交及社交能力

社交是社会交往的简称，也有称交际的。一般指在社会活动中人与人、人与组织之间进行信息交流和情感沟通的联系过程。它是人类社会活动的重要方式，个人与个人、个人与团体，以及团体与团体之间，都是通过这样的活动，从而使自己的种种社会性需求得以满足。社会交往从不同的角度可分为：个体交往与群体交往；直接交往与间接交往；竞争、合作、冲突、调适等。

社交能力也称社会交往能力，它是妥善处理人与人、人与组织的关系，从而获得良好社会关系的能力，其核心是人与人之间在社会交往中进行信息与情感交流并获得相互认同的能力。社交能力是个人表达能力、人际融合能力与解决问题能力的综合体现，其中个人表达能力所体现的是个人的经历、学识、情趣等思维倾向；人际融合能力更多地反映的是个人的修养、礼仪、心理及性格特征；解决问题的能力则是个人组织、协调能力与个人品质（如分配上的个人独占还是利益均沾，就体现了贪婪、自私与慷慨、知足的品质）的综合表现。

职业农民社交能力的提高是一个渐进的过程，除了克服传统的小农意识、受局限的血缘、地缘交际范围外，还应该加强学习，不断增加学识，提高表达能力和运用现代信息技术的能力；强化训练，不断丰富礼仪知识，提升个人修养，促进人际融合能力的提高；陶冶情操，不断提高自己的组织协调能力，养成互惠互利、合作共赢的处事习惯。

2.提高职业农民社交能力的原则

一是互酬原则。人际交往时，人与人之间的关系是相互的，其行为具有互酬性。因此，在职业农民的交往中，应该常常想到"给予"而不是"索取"；相反，如果取而不予，就会失去知心朋友。

二是自我袒露的原则。一个人把自我向别人敞开比闭目塞听更能使人感到满足，而且，这种好的感觉也会再次传染给别的人。

三是真诚评价的原则。人们在交往的过程中，免不了要互相议论、互相评价，而职业农民评价的态度要客观、诚恳、真挚，如果反之，会导致别人的不安与反感。

四是互利性的原则。要解决人际关系不协调的矛盾，作为职业农民就要采用互利的原则，"互利"就是双方都能接受的调节。

3.礼仪

礼仪是社会交际能力的基础，礼仪与礼貌，是处理人与人之间关系的一种规范，使人们在日常交往中应当共同遵守的道德规则，是文明的体现。

孔子曰："不学礼，无以立"，荀子也曾说过："人无礼则不立，事无礼则不成，国无礼则不宁。""礼"，《说文解字》解释说："履也，所以事神致福也。"孔子说："礼者，敬人也。""礼"的本意是"敬"，是发自内心的尊重。"仪"，《说文解字》解释说："度也。"是表达敬意的法度、准则和方式。由于礼仪表示的是敬意，并且针对不同对象表示不同程度、不同形式的敬意。因此，礼仪不仅表示了不同对象的不同地位，规定了种种不同关系，而且成了调整、处理不同关系的一种手段。现代社交礼仪就是从尊重对方出发，调整并处理不同关系的一种约定俗成的形式，是人们进行社会交往的行为规范与准则。

礼仪的原则是人们在交际活动中自始至终都遵守的一些普遍性、共同性、指导性的规律。在人类文明礼仪产生、形成、演变和发展过程中，逐渐形成了以下原则：

(1)平等适度原则

礼仪是在平等的基础上形成的、彼此之间的相互对待关系，其核心问题是尊重以及满足相互之间获得尊重的需求。它要求我们在社交活动中表现得不骄狂、不我行我素、不厚此薄彼，更不要傲视一切、目中无人、以貌取人，或以职业、地位、权势压人，而是时时处处平等谦虚待人，唯有此，才能结交更多的朋友。适度原则要求我们使用礼仪一定要具体情况具体分析，因人、因事、因时、因地恰当处理。特别要注意做到把握分寸，认真得体，不卑不亢，热情大方，有理、有利、有节，避免过犹不及。

(2)真诚尊重原则

真诚是对人对事的一种实事求是的态度，是待人真心真意的友善表现。真诚和尊重首先表现为不说谎、不虚伪、不骗人、不侮辱人。其次表现为对他人的正确认识，相信他人、尊重他人。只有真诚尊重，方能使友谊地久天长。

(3)自信自律原则

自信是社交场合很可贵的心理素质，一个有充分信心的人，才能在交往中不卑不亢、落落大方，遇强者不自惭，遇磨难不气馁，遇到侮辱敢于反击，遇到弱者会伸出援助之手。自律是对待个人的要求，是礼仪的基础和出发点。最重要的就是要自我要求、自我约束、自我控制、自我对照、自我反省、自我检点，这样就做到了自律。

(4)信用宽容原则

信用即讲信誉，孔子说：民无信不立，与朋友交，言而有信。在社交场合，尤其要讲究。一是要守时，与人约定时间的约会、会见、会谈、会议等，决不应拖延迟到；二是要守约，即与人签订的协议、约定和口头答应的事，要说到做到，言必信，行必果。

宽容是一种较高的境界，在人际交往中，对不同于己、不同于众的行为要耐心容忍，多体谅他人，多理解他人。学会换位思考，能站在对方的立场考虑问题，是你争取朋友的最好方法。

4.提高职业农民社交能力的有效途径

【案例导引】

周恩来的外交故事

[案例1]“派克”的来历——20世纪50年代，有一次，周恩来和一位美国记者谈话时，记者看到总理办公室里有一支派克钢笔，便带着几分讽刺，得意地发问：“总理阁下，也迷信我国的钢笔吗?”周恩来听了风趣地说：“这是一位朝鲜朋友送给我的。这位朋友对我说‘这是美军在板门店投降签字仪式上用过的，你留下作个纪念吧！’我觉得这支钢笔的来历很有意义，就留下了贵国的这支钢笔。”美国记者的脸一直红到了耳根。

[案例2]周总理谈笑吃“纳粹”——20世纪50年代初，有一次周总理在中南海勤政殿设宴招待外宾。客人们对中国菜的花样之繁多，风味之独特，味道之鲜美都赞不绝口。这时，上来一道汤菜，汤里的冬笋、蘑菇、红菜、荸荠等都雕刻成各种图案，色、香、味俱佳。然而，冬笋片是按照民族图案刻的，在汤里一翻身恰巧变成了法西斯的标志。贵客见此，不禁大惊失色，忙向周总理请教。

对于这个问题，周总理也感到十分突然，但他随即泰然自若地解释道：“这不是法西斯的标志！这是我们中国传统中的一种图案，念‘万’，象征‘福寿绵长’的意思，是对客人的良好祝愿！”接着他又风趣地说：“就算是法西斯标志也没有关系嘛！我们大家一起来消灭法西斯，把它吃掉！”话音未落，宾主哈哈大笑，气氛更加热烈，这道汤也被客人们喝得精光。

[**案例 3**] 1972 年 2 月 21 日的这一瞬间被无数镜头定格。还没完全走到舷梯下面,尼克松就远远地朝周恩来伸过双手。

“你的手伸过了世界上最辽阔的海洋——我们 25 年没有交往了!”周恩来总理说。

“我是跨越太平洋与中国人民握手!”“当我们的手相握时,一个时代结束了,另一个时代开始了。”尼克松总统说

[**案例点评**] 周恩来的外交故事虽然讲的是国事,反映的却是人格的魅力与必要的礼仪。案例 1 中,在遇到外人挑衅的情况下,周恩来表现出的是自信与机智;案例 2 中既有智慧,也有宽容与真诚;案例 3 突出体现了平等与尊重。图片中周恩来从穿衣着装到站姿,那份从容与自信,堪称楷模。国事亦人事,这些原则不仅适用于人际交往,也适用于国与国的交往。

陈奂生进城

在著名作家高晓声的小说《陈奂生上城》中,农民陈奂生已经摘掉“漏斗户”主的帽子,“屯里有米,橱里衣”,抽空还可以进城卖农副产品。随着物质生活的改善,他开始渴望过精神生活,希望提高自己在人们心目中的地位,于是总想能“碰到一件大家都不曾经过的事情”。这事终于在他上城时“碰”上了:因偶感风寒而坐了县委吴书记的汽车,住上了招待所五元钱一夜的高级房间。在心痛和“报复”之余,“忽然心里一亮”,觉得今后“总算有点自豪的东西可以讲讲了”,于是“精神陡增,顿时好像高大了许多”。

这种陈奂生式的精神满足与鲁迅笔下的阿 Q 似乎有着血缘关系,我们只能带着“含泪的微笑”来看待这一人物的这段奇遇。正如作者本人所说:“我写《陈奂生上城》,我的情绪轻快而又沉重,高兴而又慨叹。我轻快,我高兴的是,我们的情况改善了,我们向前进了;我沉重、我慨叹的是,无论是陈奂生们或我自己,都还没有从因袭的重负中解脱出来。”这段肺腑之言,正是作品的题旨所在,反映了作者对陈奂生们的精神世界的严肃探索和对我国农民命运的深沉思考。

[**案例点评**] 陈奂生进城从文学的角度讲,揭示了陈奂生的精神世界,反映了作者对改革开放初期农民命运的深入思考,从社交礼仪的角度讲,提出了新型农民进城后在礼仪方面的困惑和矛盾,比如陈奂生遇到了县长,陈奂生住宾馆等,不仅形象地刻画了陈奂生的不适,更写出了他内心的矛盾,时至今日,仍有其现实意义。

良好的社交能力是加快提高职业农民经营管理能力，促使传统的农民形态向职业化形态转变的合格的新型职业农民有的首要条件，也是他们心理健康的重要保障。

(1)培养良好的个性

善于体察他人的真正需要。如果有不良品质，即使交游很广，也难得有知心朋友；相反，如果你具有促进人际吸引的优秀品质，就会容易被别人引为知己。善于体察别人的真正需要，这些需要概括起来包括包容的需要、控制的需求、感情的需求。在人际交往中，作为职业农民不但要考虑到对方的个性品质，也要考虑对方的需求，因为人际交往的基础是互补，只索取而不奉献的关系是很难维持的。

(2)丰富知识与业余生活，提高自己

看报、关心世界大事、国家大事，扩大知识面；开拓视野，注重培养自己的兴趣，丰富自己的业余生活，尽量利用空闲时间作自己喜爱做的事，参加打球、书法、下棋等不同的活动，如果将日常感受、愿望和梦想写在一本“秘密日记”内，这不但有助于解除烦恼，还有助于自我反省，不断完善自己。这样一方面可以提高职业农民自身的素质，有助于理性地理解社会，为走上更广阔的人生之路做好准备；另一方面可以在这些活动中增加和别人的交往。

(3)乐观自信，塑造性格

提高自信是提高职业农民交际能力的关键。不要像祥林嫂似的把苦难挂在嘴上，遇上烦恼时不妨多往好处想想，久而久之，自然可养成乐观的性格。同时必须牢记真诚尊重、平等适度、自信自律、信用宽容的原则，以真诚换人心，平等而不自卑，得体而不夸张，活泼而不轻浮，宽容而不狭隘，守信而不盲从，逐步提高自己的社交能力。

(4)因人而异，掌握交往的语言技巧

一定的人际交往的语言技巧有助于提高职业农民的处世能力。人与人之间的交往不是随心所欲的，而是有一定目的，并运用一定方法进行交往的。交往方法越好，人际关系越容易维持紧密。职业农民要在实践中，多锻炼自己的口才，学会说话的艺术，知道什么场合应该说什么话。为了使话题成为初步交谈的媒介、深入细谈的基础和纵情畅谈的开端，好的话题应达到的标准是：农民之间都熟悉，感兴趣，爱谈；有讨论的余地，好谈。找话题的方法很多，可以选择众人关心的事件为题；可以即兴引入，巧妙地借用彼时、彼地、彼人的某些材料引发谈意；可以投石问路，先提一些“投石”式的问题，在略有了解后再有目的地交谈；可以循趣入题，对自己的不足以调侃的语言说出来，可能增强幽默感。腾出时间，从你身边的人开始，从你的同事开始，以真诚的态度，以翩翩的风度去和他们交流，让别人迅速成为你的朋友。

(5)尊重他人，注意细节

①让先。让别人先说，可以表现你的谦虚，也可以借此机会来观察对方，给自己从容考虑的余地。②避讳。不论与什么人交谈，都要聪明地避开某些对方忌讳的话题，如个人的隐私、疾病及不愿提及的事情，否则会引起对方不快。③谦虚。社会心理学家发现，一般人总不喜欢嘴上老挂着"我"的人。因此，应避免过于显露自己的才学，开口便"我如何如何"。④诚恳。交谈的态度以诚恳为宜。油腔滑调，纵然有很好的意见，也难以为人们所接受。⑤幽默。恰到好处的幽默，能使人在忍俊不禁之中，体会到深刻的哲理。⑥口头禅。口头禅固然能体现个性，但多数是语言的累赘，令人难以下咽。所以，应尽量避免。⑦善听。要尽量让对方把话说完再插话。实在需要中途插话时，也应征得对方同意，用商量的口气说："对不起，我提个问题可以吗?"或"我插句话好吗?"这样可避免对方产生误解。⑧平衡。如果几个人一起，你要注意不要只把注意力集中到某一个人身上而冷落了其他人。你可以用目光，也可以用语言调动其他人的谈兴。

社交礼仪的学习不能只是看看听听，更要自我练习，穿衣搭配，表情动作，坐立行走，多照镜子多练习，打磨性子多思考，熟练成自然。

总之，主动敞开你的心扉，率先伸出你的手，面带自然的微笑，树立自己的信心。

【学习拓展】

传统敬语谦辞

"初次见面说：幸会；看望别人说：拜访；等候别人说：恭候；请人勿送用：留步；对方来信称：惠书；麻烦别人说：打扰；请人帮忙说：烦请；求给方便说：借光；托人办事说：拜托；请人指教说：请教；他人指点称：赐教；请人解答用：请问；赞人见解用：高见；归还原物说：奉还；求人原谅说：包涵；欢迎顾客叫：光顾；老人年龄叫：高寿；好久不见说：久违；客人来到用：光临；中途先走说：失陪；与人分别说：告辞；赠送作品用：雅正。"

"令、尊、贤"，用以尊称对方亲属。"令"通用，"尊"称长，"贤"用于平辈和晚辈，但称对方配偶时"尊、贤"通用。如"令尊、令堂、令郎、令爱"；"贤弟、贤妹、贤侄"；"尊夫人、贤夫人"等。

"贵"字现代仍常用以尊称对方。如"贵姓、贵处、贵公司、贵府、贵庚、贵恙、贵干"等。

谦称自己，用“愚、在下、不才、鄙人、晚生”等。

“家、舍、小”，用以谦称自己亲属。“家”用以称长者，如“家父、家叔、家兄”；“舍”用以称比自己小的平辈和晚辈，如“舍弟、舍侄”；对子女可称“小儿、小女、小婿”。

提高社交能力要注意五个细节

赞美他人的“自得小作”　每个人，包括那些地位低下的人和自卑感浓郁的人，都有令他们自豪的地方，这些使人沉醉的“闪光点”可能非常小，小得只有他本人心里清楚，甚至连他本人也没发现。这些“自得小作”有可能是擅长做一道美味的糖醋鱼，擅长折叠各种各样的纸飞机等。假如你对这些小小的优点予以称赞，肯定会令他们兴奋的。要知道，从获得人缘这个角度来说，称赞小小优点比夸奖人人皆知的优点更有效果。

记住他人的“随意话语”　每个人的话语并非句句金科玉律，并非句句掷地有声，有些话语说过了，就没人再去留意了。这种随意话语很有文章可做。假如你适时适地提起他以前说过的话，如：“你曾说过，至今我还记忆犹新。”对方一定会因为受到你的重视而兴奋万分。假如你不但记住他人随意话语，而且还按照他的随意话语办理，效果更加显著。

做点他人的“意外小事”　德国一家银行的广告闻名全球，它是这么写的：你过你的日子，我们为你照顾细节。细节是什么？它往往是人们意外之中的小事。据说，此广告发布后，这家银行的可信度大大提高。对于人们来说，那些非常关注细节的人，能够适时做点让他人意外的小事会使人们非常放心，这是丰满自己形象的一个重要招数。

关注他人的“细微变化”　没有人不愿意接受别人的关心，也没有人会对关心自己的人产生反感。要想赢得好评，就需要将你对别人的关心适当地表达出来。假如你发现对方穿戴、容颜等方面的细微变化，最好能马上称道。假如对方换了新领带，你说声“这条领带你第一次戴，在哪儿买的？”他一定会愉快地接受你的关心，对你产生好感。尤其是女性，更注重自己的穿戴，一旦有人注意到了她服饰的变化，并由衷的赞美，你们之间的距离也便随之缩短了。

修饰自己的“交际细节”　与别人交谈时，你不妨兴奋时就扬起眉毛，严厉时就瞪大眼睛，疑问处率直询问，听完后简要复述。这样你就会给人留下头脑灵活、擅长交际的好印象。假如你节奏匀称，举止缓慢，动作庄重，稳若泰山，那么就会给人产生气度不凡、从容镇静的印象。对于别人的邀请，假如你能拿出笔记本，认真地记下约会时间和地址，那么别人就会认为你是个讲究信用的人。这些交际细节，都可以增辉你的交际形象。

十招改善你的人际关系

保留意见　遇到纠纷时，过分争执于己无益且又有失涵养。不应急于表明自己的态度或发表意见，谨慎的沉默就是精明的回避。

认识自己　促进自己最突出的天赋，并培养其他方面。只要了解自己的优势，并把握住显示出来，便能一招鲜，吃遍天。

适应环境　适者生存，不要花太多精力在杂事上，要维护好同事间的关系。不要总是炫耀自己，否则别人将会对你感到反胃。必须使人们总是感到某些新奇。每天展示一点的人会使人保持期望。

取长补短　学习别人的长处，弥补自己的不足。在同朋友的交往中，要用谦虚、友好的态度对待每一个人。把朋友当老师，将有用的学识和幽默的言语融合在一起，你所说的话定会受到赞扬。

言简意赅　简洁能使人愉快，使人喜欢，使人易于接受。说话冗长累赘，会使人茫然，使人厌烦。

决不自大　把自己的长处常挂在嘴边，常在别人面前炫耀自己，这无形贬低别人而抬高了自己，其结果则是使别人更看轻你。

决不抱怨　抱怨会使你丧失信誉。自己做的事没成功时，要勇于承认自己的不足，并努力将事情做圆满。适度的检讨，并不会使人看轻你，相反，总强调客观原因，抱怨这，抱怨那，并不能使人谅解。

不要说谎　谎话是交际的大敌，每一句谎话都需要无数的谎言来掩饰，最好的办法就是不说谎。

不要失信　失信于朋友，这是你最大的损失。要避免说大话，要说到做到，做不到的宁可不说。

目光远大　聪明人为冬天准备，这很容易做到。当财运亨通时要想到贫穷，一定要多交朋友。要维护好现有的朋友同事之间的关系，总有一天你会看重现在看来似乎并不重要的人或事。

五、培育职业农民农业产业化的经营能力

处于从传统的农民形态向职业化形态转变初期的新型职业农民，知晓与掌握农业产业化经营的内涵与提高农业产业化经营能力的有效途径，对于加快提升职

业农民具备农业产业化经营能力，加快培养传统的农民形态向职业化形态转变为合格的新型职业农民有着重要的推进作用。

【案例导引】

内蒙古草原兴发集团的成长壮大

内蒙古草原兴发集团，是靠300只鸡雏、两间瓦房起家的企业。如今，兴发集团公司以绿鸟鸡、羔羊肉为主导产品，是国家级民族特需用品（清真食品）定点生产企业，内部设有国家级实验室、国家级检测中心和博士后工作站，拥有一支高素质的产品研发团队，自主研发成果获得国家专利54项，引进国际先进的低温排酸及速冻保鲜技术，全封闭、无菌、恒温的生产车间，尤其在肉品深加工、肉品保鲜、风味改善、动物副产物综合利用、杂粮、调味品、生物制品等方面始终走在行业前列，现已形成“研发一代、储备一代、转化一代”的良性循环。草原兴发整合内外部资源，现已形成集种禽饲养、雏鸡孵化、饲料加工与销售、活禽、活畜屠宰、肉品加工、熟食制造、产品销售为一体的草原兴发绿色、安全产业链体系。

1997年，4 000万A股股票在深圳上市，草原兴发以此为契机，成功导入ISO 1400国际环境管理体系，严格执行ISO 9002国际质量标准生产，加快企业技术进步，并迅速实现跨区域低成本扩张，以租赁、兼并、买断等方式，盘活了内蒙古草原上的20多家食品公司和肉类加工厂。他们向这些企业注入资金进行技术改造，将大部分生产车间装备上德国、日本最先进的技术设备，使企业生产能力不断升级换代。兴发集团生产的肉鸡类产品获得对日出口免检待遇，羔羊肉、绿鸟鸡、野味肠等产品被中国城市主导产品调查委员会确认为“市民首选品牌”，企业从此步入了辉煌时期。

有了活力之后，企业积极推行“公司＋基地＋牧户”的模式。公司负责筹集开发资金，制订产业发展战略，开拓产品市场；基地负责筹建绿色肉食品加工厂，与牧民签订收购协议，并为牧民提供资金、技术和服务；牧户按协议要求饲养适量的良种羊、绿鸟鸡等草原畜禽。牧民的饲养量必须与草场的现状相协调，这就在保证牧民致富的同时，也有效地保护了草原。

草原兴发提供的服务包括：技术服务：以羔羊当年出栏为核心，向养羊户提供优质饲料，派出技术队伍，指导科学饲养，牧户收到可观的经济效益；融资服务：针对一些牧民在发展生产中缺乏资金的状况，草原兴发以羔羊补饲基金、收购预付款等多种灵活的方式，在牧民需要资金的春、夏季节及时提供支持，2000年，在这方面投放了1 500万元的资金；销售服务：草原兴发各基地工厂派出蒙汉语兼通的收购队伍直接深入草原，上门收购服务，通过对养鸡农户送鸡雏、饲料、技术服务到门和按保护价收购毛鸡等方式，发展肉鸡产业化。

草原兴发是全国肉羊企业的领导者，曾被国家商务部评为中国肉羊企业实际屠宰量第一名、全年鸡实际屠宰量第二名。在锡林郭勒草原上拥有4万公顷天然牧草，并与锡林郭勒、赤峰市、呼伦贝尔盟等20余个牧业旗县建立了稳定的合作关系，年可出栏优质肉羊百万只。

草原兴发采用“服务＋牧户”的产业化经营模式，以肉羊、肉鸡为主导产品，全面打造绿色品牌，带动了农牧户发展养殖业，使农牧民从中得到了实惠。就是靠着产业的不断壮大，草原兴发与广大牧民建立了稳定的合作关系，并由单纯的买卖关系变成了密不可分的合作关系，双方形成了比较稳定的利益共同体，做强了一系列庞大的产业。

模块三　农业产业及产业化

一、农业产业化概述

(一)农业产业化的特点

按照经济学的定义,产业是指那些相同类型属性的经济活动的集合或者系统。通俗地说,产业泛指一切生产物质产品和提供劳务活动的集合体,一般人们会说农业、工业、电信业、商业、金融业、旅游业、文化产业、创意产业等。

农业产业就是一定规模以上与农业相关的生产系统。从表面上看,农业产业区别于传统农业的就是规模,但实际上随着农业生产力的不断提高,农业产业的内涵和外延也在发生着改变,传统意义上的种植业、养殖业、渔业、农产品加工业、副业等早已变得更加细化、更加分化,一些新型的农业产业不断产生,如农产品流通业、观光农业、旅游农业、休闲农业、创意农业等,所有这些新型农业产业已成为现代农业的重要内容。

总结和分析我国农业产业的发展,不难发现其主要特点:

一是农业产业组织不断发展壮大,不仅总体数量增加迅速,而且单体规模越来越大,已经成为我国农业发展的强大动力。

二是农业产业领域不断拓宽,既突破了地域限制,也突破了行业限制,而且随着社会的不断进步,新型农业产业将不断涌现。

三是农业产业组织自身结构更加优化,在产业链延伸的过程中引入现代企业制度,资源得以有效的配置,增强了活力、提高了效益。

农业产业化是一个动态的概念,而且人们经常也用农业产业化来代替农业产业的表述。实质上,农业产业化是农业由传统向现代的进步过程,是由小农经济向规模农业不断演变的进程,在这一进程中,农业生产要素更加集中、农业生产力更加先进、产业链更加宽长、经营方式更加现代。农业产业化是以市场为导向,以经济效益为中心,以主导产业、产品为重点,优化组合各种生产要素,实行区域化布局、专业化生产、规模化建设、系列化加工、社会化服务、企业化管理,形成种养加、产供销、贸工农、农工商、农科教一体化经营体系，使农业走上自我发展、自我积累、自我约束、自我调节的良性发展轨道的现代化经营方式和产业组织形式。它实质上是指对传统农业进行技术改造，推动农业科技进步的过程。这种经营模式从整体上推进传统农业向现代农业的转变，是加速农业现代化的有效途径。

因此，农业产业化的本质特征是：

市场导向　农业产业组织的产生与发展、生产要素的集合与配置、社会资源的吸纳与整合、生产规模的规划与评估、组织架构的设计与管理、主导产品的定位与品牌、产业链的延伸与连接等，主要依靠市场来调节，这既是社会主义市场经济体制的要求，也是现代农业发展的根本。

机制灵活　依据不同的自然区域、不同的主导产品、不同的乡村结构，可以采用“公司＋农户”“公司＋基地＋农户”“公司＋家庭农场”“公司＋合作社＋家庭农场”等各种形式的经营主体对接模式，不断创新农业产业经营体系。

生产先进　先进的农业生产力既是农业产业化的推动力量，也是农业产业化的自然选择。农业产业化最需要科技进步作为技术支撑，来改造传统的农业生产技术，提高产品的科技含量，满足更广泛的、更个性化的市场需求。

规模集约　没有规模就没有效益，没有规模就难有标准。产业链的延伸、龙头企业的形成，带动生产、加工、流通、销售，产前、产中、产后有机结合起来，提高资源的利用率。

管理现代　不仅产业链条内的核心企业实行现代企业管理制度，即使是生产基地、农户、家庭农场等，也要以规范化、标准化、市场化的运营方式，在信息、技术、物流、资金、品牌等方面实现工业化管理。

【案例导引】

以色列的现代化农业管理

拥有650万人口的以色列，国土面积1.49万千米^2，其中一半以上被沙漠所覆盖，水资源贫乏、土壤盐碱化。在如此恶劣的自然环境中，由于采用了现代化的技术和方法，那里的农业飞速发展，仅在最近二三十年的时间里，农产品(花卉、蔬菜和水果等)产量就增加了12倍。如今，他们生产的农产品不仅满足了国内需求，而且出口到国际市场。据统计，近几年，每年出口蔬菜10万多吨、水果57万吨，农产品出口总值为12.5亿美元。以色列人还创造了许多水果品种的高产纪录，例如苹果60吨/公顷(1吨/公顷＝66.7千克/亩)、香蕉70吨/公顷、葡萄45吨/公顷、桃40吨/公顷、梨30吨/公顷、柑橘80吨/公顷等。

在以色列，大约有7.5万人从事农业生产。他们平均收入为每人每月1250美元（折合1万多 元人民币）（1994年），每个人平均养活90个人。

10月下旬，以色列农业专家福克斯（Yoram Fuchs）博士应邀来济南果品研究院讲学。本报记者就读者关心的问题采访了他。下面，让我们一起“跟随”福克斯博士去“瞧瞧”以色列的现代化农业。

蔬菜，在气候控制室里生长。2002年以色列蔬菜和甜瓜出口创汇15 200万美元。其中除了新鲜蔬菜，还有加工后的蔬菜产品。例如，加工及罐装玉蜀黍有70％用于出口，而加工后的番茄有65％用于出口。

精细种植是以色列的特色。为了使蔬菜能在各种不同的气候和地形条件下生长，以色列在蔬菜种植中采用了大量的先进种植方法，例如，在装有气候控制系统的温室里栽培蔬菜、无土栽培蔬菜等。以色列现有1 800公顷使用各种先进农业技术的蔬菜种植温室。其中温室种植的番茄（包括樱桃番茄）有500公顷，还有440公顷的黄瓜、25公顷的胡椒，另外有264公顷使用塑料覆盖棚种植的甜瓜和7公顷温室种植的甜瓜。

露天种植番茄，每公顷的产量为60～80吨，而在使用装有气候控制系统的温室里种植，平均每公顷产量则达200～300吨，最高产量可达500吨。使用无土栽培技术，可以消除许多使用土壤作为培养基时种植作物所产生的危害，而且可以在灌溉和施肥时更好地加以控制。

浇水，压力灌溉，节水省钱。

以色列的农业已实现现代化，其中节约用水和先进的节水灌溉技术为农业现代化发挥了极其重要的作用。现在，以色列境内的灌溉土地普遍使用了压力灌溉技术系统，使单位面积土地的耗水量下降了50％～70％。这个系统把水通过塑料管直接送到植物最需要水的根部，最高水利用率为95％，非常适用于精细种植。

在灌溉的同时，人们一般把肥料加入水中，使灌溉与施肥同时进行，一次完成。这种技术可用于干旱地区、塑料大棚、温室和任何需要灌溉的地区。压力灌溉技术系统全由电脑控制，电子传感器自动将植物所需的水、化肥量自动传入电脑，电脑便自动调节和控制灌溉。节水灌溉的目的是为省钱、省力、省水和高效益。注：（中国是农业大国，目前采用的漫灌方式用水率最高达40％，其他60％的水被浪费掉，非常可惜。中国目前东部每亩灌溉用水600米^3，新疆每亩灌溉用水850米^3，而以色列仅为300多米^3。）

以色列另外一种解决方法就是使用循环水。现在许多田间作物都使用废水灌溉，这不仅节约了水资源，同时也对生态环境有利。每年，以色列大约要将2.3亿米^{3}的废水用于农业生产，而且这个数字还在不断增长。以色列水利委员会希望，到2010年,1/3的农业用水将使用废水。

奶牛,吃什么吃多少,计算机说了算。

在以色列,有本“养牛全书”。它其实是一个先进而完整的计算机数据库,使用者可以在这里追踪查寻每头牛的家谱、产奶量以及品质等各方面信息,诸如牛的营养史、繁殖力、健康状况以及其他许多有用的信息。合理运用这些信息,可以使奶牛业的发展始终保持高水准。

以色列境内几乎找不到可用于放牧的草场。因此,在那里,牛群所获营养完全依靠集中混合饲料。这些饲料由各个地区的中心饲料站配制分发,而不必由各奶牛场自行准备。饲养场里的奶牛吃什么、吃多少,自己说了不算,而全由计算机喂食系统来控制。它可以根据最佳的营养和经济效益来计算喂食量,可以为产奶牛和处于孕期的非产奶牛提供足够的营养,也可以为幼小的牛提供适当的食谱。喂食监视系统是一种可移动单元,它可以在喂食过程中储存大量的信息。在饲料分发完毕后,这些数据将被传至中央计算机。为了更加便于喂食,一种特别设计的自行单元——联合喂食车目前已经投入使用,它可以在各个饲养场间自动混合并分发饲料。安装在自动挤奶机上的计量表可以测定牛奶的流量和挤奶时间。同时,还可用它来诊断奶牛是否得了乳腺炎。安装在牛腿上的传感器和计步器可用于牛的识别及向中央计算机传递信息,监测牛的发情周期。

以色列的奶牛饲养业要服从生产配额。生产配额由以色列奶牛协会制定,而产品价格则由政府有关部门控制。根据以色列法律,奶牛场不允许生产和销售未经加工的奶牛,这种做法有助于在保持供应与需求平衡的同时,使本行业得以持续发展并获得合理的经济效益。

水果,乘坐液压升降机。采摘果实很容易。

以色列大约有52 600公顷果园,这里不包括大量的柑橘种植园。这些果园年产水果500 000吨,价值4.5亿美元。水果生产占以色列全部农业生产总值的15.1%,水果出口占全部新鲜农产品出口的11.7%,以色列每年大约出口55 000吨水果。

以色列多种多样的气候条件,使它能生产种类繁多的水果。在以色列的一个农场中,你看到的是在欧洲气候条件下生长的优质的落叶性水果,而在离它不远的另一个农场中,你又可以发现在温暖的热带气候条件下生长的、与前者截然不同的水果。多种多样的气候条件,使以色列在水果旺季刚开始和结束时都可以采摘到水果,甚至过了旺季,也能采摘。这样,在市面上就能长期有水果可卖。

以色列科研人员已开发出好几种先进的机械设备,来更加有效地修剪果树和采摘果实。例如,有一种设有操纵室的液压升降机,操作者可以用其自如地采摘最高果枝上的果实。还有修剪成排果树顶部的工具，以及配有不同类型通风装置的贮存容器等。

先进贮存技术的应用，使以色列在市场上销售的水果品质很高，它能在刚被采摘后立即送到世界各地的消费者的餐桌上，并且丝毫无损。水果在冷藏条件下可以贮存很长的时间。在先进的冷藏库、分拣设备和包装厂中，以及在国内流通网和海运或空运出口过程中，以色列都使用了大量的先进技术。

水产，沙漠里蹦出淡水鱼。

在沙漠中养鱼，可以解决水源长期缺乏的国家要增加水产品产量的问题。由于在沙漠中可以找到含水层及地下水源，使得沙漠中养鱼成为可能。随着科技的发展，以色列已经找到了在沙漠干旱地区及恶劣环境中进行精细养鱼的方法。使用充气塑料泡沫覆盖鱼塘，使鱼塘具有温室般的环境。这种塑料材料可以吸收阳光中的热量，并把这些热传入水中。在夏季，以通风机或风扇作为空气流通装置。在这个封闭的系统中，水通过生物过滤器循环，流回鱼塘。

由于以色列缺乏淡水，渔业人员已经开始开发海洋资源。方法之一就是，在地中海和红海沿岸设置网箱。另一种方法是，在海边建立养鱼塘，利用海水构成封闭的水系统，即水流从鱼塘流入海中，再从海中流回鱼塘，如此循环往复。

植保，请来天敌除害虫。

在以色列，生产出来的农产品多为绿色食品。他们运用的高招之一就是不用农药喷洒作物、杀灭害虫，而是请来害虫的天敌帮忙。

人们整天在田间或者温室里采用肉眼和仪器观察，一旦发现作物上的某种害虫的密度超过了一定的数值，就马上打电话给专业农业公司。公司的科研人员就按照客户的实际情况，及时派出七星瓢虫或者黄蜂或者其他的害虫天敌前去歼灭害虫。

农机，实用先进效率高。

因为以色列的降雨量少，为了收集这些有限的雨水，人们开发了一种工具，能在地上开出小凹洞。这样，下雨时，雨水就会注入这些小洞，而不至于在地表流失。使用这种方法，可使每公顷的小麦产量提高500千克。开发生产了能同时收获两垄马铃薯的收割机。这种机器坚固耐用，而且能出色地保证收获质量。为葡萄园设计了特制的喷洒器，它由两个喷洒臂组成，可以同时向两行葡萄架喷药。

（资料来源 http：// www. 360doc. com/content/17/0509/16/42860478_652445885. shtml）

(二)当前农业产业发展面临的问题

从20世纪末到现在,我国的农业产业有了长足的进步,但随着我国经济发展进入新常态,如何促进农民增收,如何提高农业竞争力,如何提升农业可持续发展能力,如何建设特色现代农业等,都是必须解决的重要问题。这些问题反映到农业产业的发展上,表现在以下几个方面:

1.市场规则不健全

大量的、分散的小农生产经营在市场上处于被动地位,得不到市场规则的有效保护,而部门行业垄断、区域分割在市场秩序还不健全时又干扰了市场的公平竞争,甚至在龙头企业、农村合作组织和农户间也缺乏稳定的法律义务关系,职业农民经常成为受害者。

2.农业产业发展不平衡

既有地区间的不平衡,也有不同产业间的不平衡,还有产业链内的不平衡。发达地区和落后地区、传统产业和新兴产业、生产环节和加工销售等,由于观念、制度、政策、资源等各方面的原因,导致农业产业内外发展不平衡且整体水平较低。

3.利益联结机制不完善

产业链上各主体之间的利益关系不规范,多数情况下农户的利益得不到保护,甚至连国家支持保护农户的惠民政策有时也落实不到位。

4.农产品质量安全问题突出

农业生产的环境、防疫、生产标准、质量控制、安全监管等缺乏应有的措施,农产品质量问题层出不穷。

5.科技创新驱动不足

一方面是科技人员、产业组织等因激励不强而创新动力不足;另一方面农业科技成果推广还没有形成完整的机制,新的科技成果转化滞后。

二、发展农业产业的基本原则

针对农业产业面临的问题,在发展过程中需要遵循以下原则:

一是市场导向原则,坚持以市场配置资源为主、政策支持为辅,引导资本进入农业基础设施建设;

二是可持续发展原则,坚持环境友好型产业优先发展;

三是特色发展原则，坚持因地制宜，龙头带动，发挥区域资源优势；

四是农民主体原则，坚持把职业农民利益放在第一位，促进职业农民持续增收；

五是技术领先原则，坚持以科研院所、大专院校、企业联合集成创新，推进科技成果转化。

(一)发展农业产业的基本要求

1.立足地方资源优势，因地制宜发展特色农业

立足资源优势，以市场需求为导向，大力发展特色种养业、农产品加工业、农村服务业，扶持发展一村一品、一乡(县)一业，壮大县域经济。积极开发农业多种功能，挖掘乡村生态休闲、旅游观光、文化教育价值，打造形式多样、特色鲜明的乡村旅游休闲产品。

2.加强农业科技创新，增强农业产业竞争力

引导龙头企业加大科技研发投入，加强与科研机构和大专院校合作，开展农产品加工关键技术和新品种新技术新工艺的研发。以多元化的农业科技成果转化机制，为龙头企业搭建技术转让和推广应用平台，鼓励科研机构、龙头企业、大专院校为农民开展技术指导、技术培训、学历教育等服务。

3.完善利益联结机制，落实经营主体权责关系

通过订单农业建立龙头企业与农户、农民专业合作社平等互利的市场合约关系，强化企业与农户的诚信意识。采取承贷承还、信贷担保、农业保险等方式，建立企业与农户的风险保障机制。引导龙头企业与合作组织有效对接，为基地农户积极开展农资供应、农机作业、技术指导、病虫防治、市场信息、产品营销等各类服务，实现龙头企业与农民专业合作社深度融合，让龙头企业和农户共享农业产业化发展成果。

4.推进龙头企业转型升级，加快发展农业产业化经营

龙头企业要完善法人治理结构，建立现代企业制度。支持龙头企业通过兼并、重组、收购、控股等方式，组建大型企业集团，符合条件的龙头企业上市融资、发行债券，增强企业发展实力。要延长农业产业链，推动企业集群集聚，提高农业附加值，培育壮大区域主导产业，增强区域经济发展实力。

5.强化农业人才支撑，大力培养新型职业农民

按照《国家中长期人才发展规划纲要(2010—2020年)》的要求，培养一大批具

有世界眼光、经营管理水平高、熟悉农业产业政策、热心服务“三农”的新型龙头企业家。鼓励龙头企业采取多种形式培养业务骨干，积极引进高层次人才和大中专毕业生到企业就业。同时还要加强对农业产业的生产、服务和经营管理人员的培养、培育，大力培养新型职业农民，提高农民的职业化程度。

(二)农业产业化经营的特征

一般来说，农业产业化经营就是围绕一个或多个相关的农业产业项目，组织众多主体参与，进行生产、加工、销售一体化的活动，经济利益是各方主体追求的共同目标。在这样的过程中，农户与市场直接或间接地相连接，传统的小农经济、自给自足式的农业生产转变为规模化、专业化、集约化的农业产业链。虽然对农业产业化经营的定义还不统一，但就其实质内容讲，农业产业化经营是以国内外市场需求为导向，以提高经济效益为中心，以当地的优势资源为依托，以优势农产品加工或流通企业为龙头，以农副产品生产基地为基础，对农业的支柱产业和优势产品，实行区域化布局，专业化生产，企业化管理，社会化服务，产加销、贸工农一体化经营，所形成的一种较为完整的产业体系。

由此不难看出，农业产业化经营的主要特征是：

1.市场化运营

项目的选择、资源的配置、品牌的建设、产业的发展等，主要依靠市场的力量来调整，通过合理地联结各经营主体的利益，把分散的家庭经营或合作经营纳入一条系统的产业链，把分散独立的许多生产过程集合为规模化产业，最大限度地提高农业的比较效益。

2.专业化生产

结合地方特色的农业、人文、旅游等资源，设计一系列相关产品或服务，形成种养加、产供销、服务网络为一体的专业化生产系列，并以品牌商品形式推向市场。

3.一体化经营

相关生产环节联结成产业链，实现农工商、产供销一体化综合经营，使外部经济内部化，从而降低交易成本，提高效益。

4.区域化布局

按照区域比较优势原则，按区域进行资源要素配置，安排生产基地布局，从而有利于充分发挥区域资源比较优势。

5.社会化服务

组织有关机构，对产业内各个组成部分提供政策指导、技术研发、经营管理、金融支持等全程服务，促进各种要素直接、紧密、有效地结合。

6. 企业化管理

按照现代企业制度管理产业内的各个主体，通过适宜的主体联结方式，构成联合体，采取权责明晰的经济核算制度，对全系统的营运和成本效益实行企业化管理。

【案例导引】

一招鲜　吃遍天

——技术依托型永年春丰蔬菜合作社调查报告

永年春丰蔬菜专业合作社成立于2008年4月，主要从事国外番茄种苗繁育和销售工作。平均一个生产季度能销售出100万株高质量的番茄种苗，合作社获得30万元的纯经营效益，每户均收入3万元左右。春丰蔬菜合作社规模还很小，但已经取得了法人资格，目前共有9个农户成员，其中一人(户)是法人代表，负责具体技术服务和管理工作；一人(户)是技术总指导，负责育种技术的传授和更新获取，还负责市场开拓工作；还设有一人(户)为监事，负责合作社监督事宜。

健谈的技术总指导玉兰勋先生打开了话匣子，“我们是一招鲜，吃遍天啊！”

“我是邯郸市农业学校毕业的，学的是蔬菜专业。蔬菜对我来说熟悉啊，在蔬菜局工作时，我对技术的改进非常在意，经常组织人员到北京、山东等地学习他们的先进技术。”

“我是2007年退休的，本来该享受几天清福了，但是我看到本地的蔬菜种植和销售还和以前一样，菜农辛苦一年也挣不到几个钱，有很多青年壮劳力都到邯郸打工了，村里剩些老弱病残，收入少，生活很苦。在2008年初，我就想用自己的蔬菜种植技术为乡亲做些事，于是就和现在的合作社法人代表张建国商量决定成立一家以技术服务和市场开拓的合作社，正赶上国家合作社法颁布，邯郸市对合作社的政策支持力度也非常大，就一拍即合成立了这个合作社，开始培养以色列的高产高质的番茄为突破口，这项工作技术性很强，老百姓不容易掌握，我们就从育苗开始直到收获全程提供服务。”

法定代表人张建国接着说“由我具体负责技术的具体实施”。

“我们主要是为合作社的成员以及购买我们的种苗的农民进行技术服务的，合作社承诺的技术服务，我们无论远近随叫随到，还定期的将他们集中起来给他们讲某阶段的技术要点，另外也普及一些与蔬菜种植的其他知识，效果还不错，尽管我们的合作社现在的规模还很小，想加入的农户还真不少，我们为了保证合作社的效益暂时还对想加入的农户有一定的条件限制，等条件成熟了，我们再接纳他们，等发展到100户左右时合作社的效益会更好的，发展应该更快。”

“目前我们除了掌握了国外番茄育苗和高产种植与疫病防治技术外，我们还有一些其他蔬菜的先进技术，我们是靠技术吃饭的，也为老百姓做些实事，今年在邯郸打工的一些年轻人开始询问我们合作社情况了，开始关注我们合作社了，说实在的出外打工并不比在家挣得多的。”技术总指导玉先生接着说：“我们下一步是稳定发展合作社规模，保证合作社的效益，下一步我们将建立一个绿色蔬菜生产基地，获得国家认证，直接进入北京、邯郸等超市，降低成本，获得更高的经营收入！”

[案例点评] 永年春丰蔬菜合作社的发展告诉我们：在永年县蔬菜产业的大背景下，合作社负责人紧跟市场需求，把握自身优势，选准切入位置，以既有的技术优势有效地提升了合作社的经营效益，使合作社成员的收入增加，农户获得了较高的收入，对合作社的依赖感增加了，合作社的规模也发展壮大。

三、培育职业农民的农业产业化经营能力的有效措施

【案例导引】

从“挑货郎”到“花椒集散市场”
——河北涉县拐里花椒市场建设成效显著

涉县拐里花椒市场位于涉县井店镇东10千米的太行山区，具有独特的地理条件和气候条件，非常适宜花椒的生长，并且产量效益也很高，尤其是著名的“大红袍”和“小红袍”花椒以其颜色鲜亮、香味十足、麻味适中等特点闻名全国。国外和国内的市场对涉县拐里花椒需求量极大，市场份额年年增加，还供不应求，经济效益年年翻番，椒农经营收入也年年大幅增加。

但是，在花椒市场没有建立之前的情况却不是这样，尽管涉县花椒干果等特产十分丰富，但是由于地处山区，交通不便，信息不灵，花椒市场也很小，经济效益很低，祖祖辈辈生活在这里的涉县椒农，都是将自家生产的花椒用小推车，货郎担挑到邯郸、北京等地区沿街走巷叫卖，有的为了家里的几百公斤花椒，能成年累月地在外地漂泊，获得的经济收入很少。他们将这些整年劳作，收入少，到外地零卖的椒农称为“挑货郎”，有一句顺口溜就是说的那时的情景：“挑货郎、挑货郎，花椒挑过山岭上；今秋出山卖椒忙，盼能春节换新裳；年年摘椒多辛苦，不见家里有余粮！”

如今情况发生了翻天覆地的变化，为解决椒农的“卖难”问题，2004年当地政

府投入了40万元的专项资金修建了从拐里村到山外的混凝土公路，与外界的交通变得快速便捷，应运而生了一批专业花椒销售个体户，他们互助合作规模越来越大，也带动了当地花椒的种植和加工产业。2007年7月，国家和地方政府以合作社法颁布实施为契机，大力发展农民专业合作社，涉县拐里花椒生产基地迎来了新的发展时机，2008年年初，由拐里村能人王二平为首的7户花椒销售大户，成立了花椒互助合作社。该村村委会牵头动员集资与争取政策扶持资金，筹集到资金650万元，整理山坡土地2公顷多，修建了1万米^{2}的加工厂区和交易广场，成立了花椒交易市场，目前吸纳入社农户278户，合作社有理事会和监事会，合作社设备设施齐备，财务管理规范，已经成了远近闻名的花椒集散中心，辐射全国乃至日本、韩国、东南亚等国外市场。该市场年可实现销售花椒900万千克，实现销售收入2亿元；合作社销售大户年均利润在100万元以上，一般农户家庭合作社成员增加纯经营收入1万元以上。

花椒种植户们根据市场的变化，先是成立合作社，后又建设花椒市场，将原来零散的花椒经营做成规模、效益都很好的地方产业，这是农户参与农业产业化经营得很好例证。花椒市场通过收购、加工、销售和传授先进技术为社员服务，通过专业的市场开拓和销售队伍在全国各地广开市场，参与市场竞争，并逐渐取得先机，增加了合作社的经营效益，增加了椒农户的经营收入。

［**案例点评**］做好市场调研和开拓，大力争取政策和资金的支持，依靠本地资源优势，找出和市场对接的切入点，构建市场直通车，充分发挥市场的引导作用，理顺效益分配机制，兼顾公平和效率是涉县拐里花椒专业合作社成功经验，尤其是特别重视市场引导，紧紧抓住市场发展变化信息，创造了市场引导型合作社模式，值得有类似地区借鉴。

加快提升职业农民具备农业产业化经营能力，促使传统的农民形态向职业化形态转变的合格的职业农民必须从下述几方面着手：

1.积极开展市场调研，科学明确市场定位

参与农业产业化经营的基本前提是对当前的农产品市场进行调查，通过对农业产业市场调查和供求预测，根据农副产品（或服务）的市场环境、竞争力和竞争者，分析、判断相关农副产品（或服务）是否有市场，以及采取怎样的营销战略来实现销售目标或采用怎样的方式进入市场。主要包括以下几个方面：

市场需求分析　现在农业产业市场供给量估计量和预测未来农副产品市场的供给能力。

市场竞争格局　市场主要竞争主体分析，各竞争主体在市场上的地位，以及可能采取的主要竞争手段等。

产品生命周期　通过市场分析确定产品的未来需求量、品种及持续时间；产品销路及竞争能力；产品规格品种变化及更新；产品需求量的地区分布等。

政府支持政策　掌握各级政府对农业产业化经营给予的政策扶持情况，尤其是在国家高度重视农业的背景下，需要将农业产业化经营与国家发展农村经济的战略要求相吻合，既能获得可靠的支持，也能成为我国调整农业产业结构、发展现代农业的重要力量。

市场资源利用　充分利用现有的市场资源包括土地、资金、劳动力，甚至当前的农业产业基础条件，对参与农业产业化经营十分必要。

2.把握自身条件，找准职业农民自身岗位

新型职业农民是将农业作为产业进行经营，并充分利用市场机制和规则来获取报酬，以期实现利润最大化的理性经济人，可以根据自身条件自主选择在农业一、二、三产业职业，专业从事农业生产、经营或服务工作。

生产型职业农民要掌握一定的农业生产技术，有较丰富的农业生产经验，直接从事园艺、鲜活食品、经济作物、创汇农业等附加值较高的农业生产。主要包括农民专业合作社社员以及在农场、基地、农业企业被雇佣的“农业工人”，如农艺工、蔬菜园艺工、淡水养殖工、花卉园艺工、家禽繁殖工、家禽饲养工、制种工、果树育苗工、农药生产工、饲料生产工、蔬菜加工工等。

服务型职业农民要掌握一定农业服务技能，并服务于农业产前、产中和产后的群体。主要包括为农业生产提供服务的专业人员等，如农产品经纪人、农资营销员、农作物植保员、动物防疫员、沼气生产工、农机驾驶员、农机修理工等。

经营型职业农民要有资金或技术，掌握农业生产技术，有较强的农业生产经营管理经验，主要从事农业生产的经营管理工作。主要包括农民合作经济组织、各类农协负责人以及规模种养大户、农场主、基地带头人、农业企业经理等。

一个新型职业农民参与农业产业化经营的最初形式可能有很多类型，但如何根据自身条件成为农业产业化经营的主体，不外乎以下几种情况：拥有相当市场资源者，可以举办农业产业化龙头企业；具备适度土地及农产品生产、加工、销售技术者，可以以户、家庭、专业合作社等主体形式参与农业产业化经营；有专业技术特长者，可以成为农业产业工人。

在当前我国大力培育、培养新型职业农民的背景下，有培养教育基础的，将获得参与农业产业化经营的政府支持。

3.开展针对性强的学历提升教育，提升职业农民的农业产业化经营能力

职业农民学习新知识新技术意愿强烈，提高综合素质和能力呼声很高，急需系

统学习现代农业技术理论和科技文化知识，对培训内容要求也更加多样化，不仅涉及农业技术，而且还需要学习电脑、网络、信息、经营管理、农产品加工等多方面的知识，以提高生产经营和管理水平，适应农业现代化发展。

4.发掘典型，加快提升职业农民农业产业化经营能力

目前我国的农业产业化经营总体还处于起步不久的初级阶段，在其具体的实现形式上，需要继续鼓励各地大胆探索，切忌扬此抑彼。各地已经探索出“公司＋农户”“企业＋基地＋农户”“企业＋农民合作等中介组织＋农户”等诸多好形式，但还有潜力，还会有众多的“鲜活”形式不断涌现出来。在此其中，出现了一些职业农民农业产业化经营的“鲜活”典型，可以现身说法，加快提升职业农民农业产业化经营能力的步伐。

【学习拓展】

现代农业的主要特点

1.效率提高

资源的高效利用提高了生产效益。农业产业逐步成为一个有较高经济效益和市场竞争力的产业。

2.科学发展

广泛采用科学、先进的生产技术和生产模式，实现农业资源的可持续利用。

3.市场运作

通过市场机制来配置资源，减少了资源的浪费，提高资源利用效率，吸纳更多的社会资源投入农业。

4.管理现代

采用现代企业管理经营方式，实现全链条、全体系的、高效率的现代农业管理体系。

5.职业农民

新型职业农民成为现代农业的生产、服务、经营管理人才和劳动力，农民不再是身份的象征。

6.规模扩大

资源集约利用，产业链不断延伸，实现农业生产的规模化经营，我国发展和支持农业、农村、农民的政策，正在促进着农业产业规模的提高。

7.法律保障

市场经济就是法制经济，现代农业产业的各个主体必须按照一定的规则来组

织产业链条上各个环节,法律法规是农业产业组织运行的重要保障。

农民专业合作社——农民合作经营之路

农民专业合作社是基于农产品进入市场,克服农业产业经营固有的缺点而逐渐发展起来的,其在农业产业发展过程中发挥了重要作用。一方面对带动农业产业调整、促进农产品销售和服务更新换代、提高农民收入起到了积极作用。但另一方面由于缺乏指导和监督,造成合作社运行质量低下,出现大量问题,有的问题已经严重影响到合作社的发展,影响到了农村经济和社会发展的大局,甚至影响了农村社会稳定。

1.农民专业合作社运行存在的问题

农户加入合作社的根本目的是为了追求经济利益的最大化,其根本动机是满足农户自身的期望收入。影响合作社运行的核心因素是期望收入与加入合作社的经营收入矛盾运行的结果,是农民专业合作社运行发展的内因。现阶段合作社在运行机制上存在的主要问题是:

(1)分配方式不明确

农民专业合作社的分配形式主要有直接返还和年底分红两种形式。直接返还是在农户与合作社交易产品是就从差价中直接获取利润,较为直观容易被农户接受,但易受到当时市场行情的影响,不好控制等缺点;年底分红形式主要是将盈余按照成员与农民专业合作社的交易量(额)比例到年底一次返还,具有间接性特点,农户感知性不强易产生离散效应。

(2)分配比例不公平

分配比例不公平会造成收入差距过大,公平性丧失,农户亲近合作社的感觉消失,导致农户的退出。不少农民专业合作社存在着财务管理制度不完善,专业财会人员缺乏的现象,利润计算不清楚,分配机制不稳定,分配利润不公平的现象。

(3)利益分配透明度不高

透明度可以有效地减少怀疑和猜忌,避免腐败,成员大会、董事会、监事机构必须依法规范其行为,做到有法可依,有法可查。但经常是,理事会把自己看成了“队长”,在分红过程中,采用“论功请赏”的做法而非市场经济的做法。

2.发展农民专业合作社的建议

(1)充分理解国家政策法规

紧紧抓住农民、农户是专业合作社的主体,是政策服务的主要对象,农民增收、农业发展是制定政策法规的根本目的。

(2)适当限制数量,健全运行体制

建立有效的监督体系,将有限的资源应用到真正的合作社上来,使其能充分发挥效能。

(3)建立风险防范体制,建立互助金提取、分配机制监督制度

通过政策的、法规的等科学手段,淘汰不合格的合作社,提升合格合作社的地位,使合格合作社得到真正的支持和发展。

四、培育职业农民的品牌意识

作为职业农民,要认清市场导向,增强品牌意识、服务意识。深入贯彻“创新、协调、绿色、开放、共享”五大发展理念和习近平总书记“推动中国产品向中国品牌转变”的指示精神,围绕农业供给侧结构性改革总体目标,以特色农业资源、产业为依托,以现有传统优势品牌为基础,以科技创新为动力,以农业增效、农民增收为核心,着力打造一批品质优、科技含量高、市场竞争力强农产品品牌。实现价值链升级,增加有效供给,提高农产品供给体系的质量和效率。

(一)基本原则

坚持市场主导。适应城乡居民多样化、个性化消费需求,依托各地资源优势、地域文化和产业特色,培育一批农产品知名品牌,提高农产品市场影响力和竞争力。

坚持企业主体。引导新型农业经营主体强化品牌意识,加大品牌培育和营销推介力度,运用品牌理念推进农业标准化生产和科技创新,不断提升农产品质量和技术水平,培育一批在全国有影响力的农业经营主体。

坚持政府引导。加大政策扶持力度,完善品牌培育机制,营造依法诚信经营氛围,努力形成全社会重视、支持和保护品牌建设的良好格局。

(二)推进农业标准化生产

强化农业标准体系建设,制定完善农业投入品使用、农产品分等分级、产地准出和质量追溯、贮藏运输、包装标识等方面的标准,形成既与国际标准接轨又适合农业产业发展需要的农业标准体系。巩固农业标准化省市共建成果,开展现代农业综合标准化示范试点。以农业企业和农民合作社为主体,以无公害农产品、绿色食品、有机食品(简称“三品”)认证为载体,以标准化菜(果)园、标准化茶园、畜禽标准化养殖小区、水产标准化养殖基地为重点,集中连片开展农业标准化示范基地创建活动。

1.无公害农产品标准与生产

截至2007年,农业部共制定无公害食品标准386个,实用277个,产品标准127个,产地环境标准20个,投入品实用标准7个,生产管理技术规程117个,认证管理技术规范类标准6个。

(1)无公害农产品生产工作要点

①选好基地。生态环境必须要符合生产标准的基地环境。

②选好良种。良种综合指标形状好,包括产量、品质、抗逆性等,而不是单一的。

③良好的栽培措施。合理密植,适时播种,科学合理的管理田间生产。

④科学合理安全用药。使用低毒、低残留的农药。对症下药,抓住时机,及时用药。合理混用,交替用药,调高药效。主要保护天敌以及安全间隔期采收。在收获20天前禁止使用农药。

(2)无公害农产品生产过程的控制技术

①农业防治。引进培育和推广良种;播前做好种子处理;把握适时播种期;合理间作、套作、轮作;深耕、冬耕;合理密植,注意通风;掌握嫁接技术;加强水肥管理,避免单一用肥,使用复合肥。

②生物防治。生物防治是利用有益的生物消灭有害的生物病虫害的防治措施,比如赤眼蜂防治蚜虫、Bt治虫、以病毒治虫,以菌治菌等,目前生物农药很多,比如Bt乳剂、农抗120等。

③物理防治。利用光、温、器具等进行病虫害防治。比如利用粘贴板防治蚜虫及飞蛾,利用高温防治瓜类霜霉病。利用灯光诱杀蛾类等。

④施肥。注重有机肥的施用。有机肥养分全,肥效迟,可以提供农作物所需的各种养分,同时也养地护地。提倡施用生物肥,在有机肥、生物肥的前提下,根据情况,合理使用复合肥。

2.绿色食品的生产

(1)绿色食品产生的背景

中国绿色食品的发展前景中国提出发展绿色食品是有现实背景的。首先它顺应了世界食品贸易结构变化。当前世界食品工业正进入一个新的转折时期,即建立温饱时代消费者对食品需求时期。这一时期的特点是世界各国普遍加强了对食品科学研究,重视开发新产品,特别是运用新技术开发新产品。具有高技术含量的食品、无污染食品及保健食品成为20世纪90年代乃至21世纪国际市场最有发展潜力,为广大消费者所喜爱的食品。

公众对食物的要求由数量型转向质量型,并开始关注食品的安全保障问题。由于绿色食品是无污染的安全优质营养食品,这一特征决定了绿色食品的生产开发有巨大的市场潜力。国家某权威机构调查发现,以下三部分人可望把日常消费食品的大部分提升到绿色食品的档次:一是收入稳定的知识分子阶层,他们了解绿色食品含义,出于对自身健康的长远考虑,愿意多花点钱消费绿色食品;二是在国内旅游暂住或定居的外国人以及少数回国华人,其中不少有食用绿色食品的习惯;三是追求时髦的富裕阶层,他们中部分人虽然并不了解绿色食品,但却追求时髦,也最具购买力。经推算,这三批人如果全国有100万,每人每年消费2 000元绿色食品,便会形成200亿元的市场规模。再从目前我国绿色食品消费状况看,我国发达地区特别是大中城市居民食品消费中,绿色食品消费呈现上升势头。据有关部门对北京、上海两大城市调查,79%～84%的消费者希望购买到绿色食品。当然这里指的是A级绿色食品而不是AA级绿色食品。绿色食品,是指按特定生产方式生产,并经国家有关的专门机构认定。

(2)绿色食品的含义

是指产自优良生态环境、按照绿色食品标准生产、实行全程质量控制并获得绿色食品标志使用权的安全、优质食用农产品及相关产品。允许使用绿色食品标志的无污染、无公害、安全、优质、营养型的食品。

(3)绿色食品的标准,标准规定

①产品或产品原料的产地必须符合绿色食品的生态环境标准。

②农作物种植、畜禽饲养、水产养殖及食品加工必须符合绿色食品的生产操作规程。

③产品必须符合绿色食品的质量和卫生标准。

④产品的标签必须符合中国农业部制定的《绿色食品标志设计标准手册》中的有关规定。绿色食品的标志为绿色正圆形图案,上方为太阳,下方为叶片与蓓蕾,标志的寓意为保护。

(4)绿色食品生产的具体标准

绿色食品标准是由农业部发布的推荐性农业行业标准(NY/T),是绿色食品生产企业必须遵照执行的标准。绿色食品标准以全程质量控制为核心，由以下 6 个部分构成：

环境质量标准　绿色食品产地环境质量标准制定这项标准的目的，一是强调绿色食品必须产自良好的生态环境地域，以保证绿色食品最终产品的无污染、安全性；二是促进对绿色食品产地环境的保护和改善。绿色食品产地环境质量标准规定了产地的空气质量标准、农田灌溉水质标准、渔业水质标准、畜禽养殖用水标准和土壤环境质量标准的各项指标以及浓度限值、监测和评价方法。提出了绿色食品产地土壤肥力分级和土壤质量综合评价方法。

生产技术标准　绿色食品生产技术标准是绿色食品标准体系的核心，它包括绿色食品生产资料使用准则和绿色食品生产技术操作规程两个部分。绿色食品生产资料使用准则是对生产绿色食品过程中物质投入的一个原则性规定，它包括生产绿色食品的农药、肥料、食品添加剂、饲料添加剂、兽药和水产养殖药的使用准则，对允许、限制和禁止使用的生产资料及其使用方法、使用剂量等做出了明确规定。绿色食品生产技术操作规程是以上述准则为依据，按作为种类、畜牧种类和不同农业区域的生产特性分别制定的，用于指导绿色食品生产活动，规范绿色食品生产技术的技术规定，包括农产品种植、畜禽饲养、水产养殖等技术操作规程。

产品标准　绿色食品产品标准，此项标准是衡量绿色食品最终产品质量的指标尺度。其卫生品质要求高于国家现行标准，主要表现在对农药残留和重金属的检测项目种类多、指标严。而且，使用的主要原料必须是来自绿色食品产地的、按绿色食品生产技术操作规程生产出来的产品。

包装标签标准　绿色食品包装标签标准此项标准规定了进行绿色食品产品包装时应遵循的原则，包装材料选用的范围、种类，包装上的标识内容等。要求产品包装从原料、产品制造、使用、回收和废弃的整个过程都应有利于食品安全和环境保护，包括包装材料的安全、牢固性，节省资源、能源，减少或避免废弃物产生，易回收循环利用，可降解等具体要求和内容。绿色食品产品标签，除要求符合国家《食品标签通用标准》外，还要求符合《中国绿色食品商标标志设计使用规范手册》规定。

贮藏运输标准　绿色食品贮藏、运输标准。此项标准对绿色食品贮运的条件、方法、时间做出规定。以保证绿色食品在贮运过程中不遭受污染、不改变品质，并有利于环保、节能。

(5)等级分类

绿色食品标准分为两个技术等级，即 AA 级绿色食品标准和 A 级绿色食品标准。AA 标准 AA 级绿色食品标准要求：生产地的环境质量符合《绿色食品产地环境质量标准》，生产过程中不使用化学合成的农药、肥料、食品添加剂、饲料添加剂、兽药及有害于环境和人体健康的生产资料，而是通过使用有机肥、种植绿肥、作物轮作、生物或物理方法等技术，培肥土壤、控制病虫草害、保护或提高产品品质，从而保证产品质量符合绿色食品产品标准要求。A 级标准 A 级绿色食品标准要求：生产地的环境质量符合《绿色食品产地环境质量标准》，生产过程中严格按绿色食品生产资料使用准则和生产操作规程要求，限量使用限定的化学合成生产资料，并积极采用生物学技术和物理方法，保证产品质量符合绿色食品产品标准要求。

(6)申请认证

绿色食品标志，是中国绿色食品发展中心 1996 年 11 月 7 日经国家工商局商标局核准注册的我国的第一例证明商标。其核定使用的商品范围极为广泛，在 1 类的肥料上，注册了图形商标；在 2 类的食品着色剂上注册了文字、图形、英文以及组合共四件商标；在 3 类的香料上、5 类的婴儿食品上注册了四个商标，并在 29 类肉类、煮熟的水果、蔬菜、果冻、果酱等，30 类的糖、咖啡、面包、糕点、蜂蜜、糖调味香料，31 类水果、蔬菜、种子、饲料，32 类啤酒、饮料，33 类含酒精的饮料中进行了全类注册。据不完全统计，迄今为止，"绿色食品"证明商标现已在八类 1 000 多种食品上核准注册 33 件证明商标。

概括地说，可以申请使用绿色食品标志的一类是食品，比如粮油、水产、果品、饮料、茶叶、畜禽蛋奶产品等。包括：

①按国家商标类别划分的第 5.29.30、31.32.33 类中的大多数产品均可申请认证。

②以"食"或"健"字登记的新开发产品可以申请认证。

③经卫生部公告既是药品也是食品的产品可以申请认证。

④暂不受理油炸方便面、叶菜类酱菜(盐渍品)、火腿肠及作用机理不甚清楚的产品(如减肥茶)的申请。

⑤绿色食品拒绝转基因技术。由转基因原料生产(饲养)加工的任何产品均不受理。

另外是生产饲料，主要是指在生产绿色食品过程中的物质投入品，比如农药、肥料、兽药、水产养殖用药、食品添加剂等。

具备一定生产规模、生产设施条件及技术保证措施的食品生产企业和生产区域还可以申报绿色食品基地。

(7)绿色食品标志申请认证程序

①申请认证企业向市、县(市、区)绿色食品办公室(以下简称绿办),或向省绿色食品办公室索取并下载《绿色食品申请表》。绿色食品认证程序

②市、县(市、区)绿办指导企业做好申请认证的前期准备工作,并对申请认证企业进行现场考察和指导,明确申请认证程序及材料编制要求,并写出考察报告报省绿办。省绿办酌情派员参加。

③企业按照要求准备申请材料,根据《绿色食品现场检查项目及评估报告》自查、草填,并整改,完善申请认证材料;市、县(市、区)绿办对材料审核,并签署意见后报省绿办。

④省绿办收到市、县(市、区)的考察报告、审核表及企业申请材料后,审核定稿。企业完成5套申请认证材料(企业自留1套复印件,报市、县绿办各1套复印件,省绿办1套复印件,中国绿色食品发展中心1套原件)和文字材料软盘,报省绿办。

⑤省绿办收到申请材料后,登记、编号,在5个工作日内完成审核,下发《文审意见通知单》(附件6)同时抄传中心认证处,说明需补报的材料,明确现场检查和环境质量现状调查计划。企业在10个工作日内提交补充材料。

⑥现场检查计划经企业确认后,省绿办派2名或2名以上检查员在5个工作日内完成现场检查和环境质量现状调查,并在完成后5个工作日内向省绿办提交《绿色食品现场检查项目及评估报告》《绿色食品环境质量现状调查报告》。

⑦检查员在现场检查过程中同时进行产品抽检和环境监测安排,产品检测报告、环境质量监测和评价报告由产品检测和环境监测单位直接寄送中国绿色食品发展中心同时抄送省绿办。对能提供由定点监测机构出具的一年内有效的产品检测报告的企业,免做产品认证检测;对能提供有效环境质量证明的申请单位,可免做或部分免做环境监测。

⑧省绿办将企业申请认证材料(含《绿色食品标志使用申请书》《企业及生产情况调查表》及有关材料)《绿色食品现场检查项目及评估报告》《绿色食品环境质量现状调查报告》《省绿办绿色食品认证情况表》报送中心认证处;申请认证企业将《申请绿色食品认证基本情况调查表》报送中心认证处。

⑨中心对申请认证材料做出:"合格""材料不完整或需补充说明""有疑问,需现场检查""不合格"的审核结论,书面通知申请人,同时抄传省绿办。省绿办根据中心要求指导企业对申请认证材料进行补充。

⑩对认证终审结论为"认证合格"的申请企业,中心书面通知申请认证企业在

60个工作日内与中心签订《绿色食品标志商标使用许可合同》，同时抄传省绿办。

⑪申请认证企业领取绿色食品证书。

3.有机食品与有机农业

(1)有机食品的含义

严格禁止使用农用化学品、基因工程产品，提倡用自然、生态平衡的方法从事生产和管理并按照国际有机农业技术规范从事生产所获得并通过认证的直接产品和加工制品称为有机食品。有机食品的主要特点来自于生态良好的有机农业生产体系.有机食品的生产和加工，不使用化学农药、化肥、化学防腐剂等合成物质，也不用基因工程生物及其产物，因此，有机食品是一类真正来自于自然、富营养、高品质和安全环保的生态食品。

(2)申请认证

认证要求：有机食品是指来自于有机农业生产体系，根据国际有机农业生产要求和相应的标准生产加工的、并通过独立的有机食品认证机构认证的一切农副产品，包括粮食、蔬菜、水果、奶制品、禽畜产品、水产品、调料等。

有机食品生产的基本要求：生产基地在三年内未使用过农药、化肥等违禁物质；种子或种苗来自自然界，未经基因工程技术改造过；生产单位需建立长期的土地培肥、植保、作物轮作和畜禽养殖计划；生产基地无水土流失及其他环境问题；作物在收获、清洁、干燥、贮存和运输过程中未受化学物质的污染；从常规种植向有机种植转换需两年以上转换期，新垦荒地例外；生产全过程必须有完整的记录档案。

有机食品加工的基本要求：原料必须是自己获得有机颁证的产品或野生无污染的天然产品；已获得有机认证的原料在终产品中所占的比例不得少于95%；只使用天然的调料、色素和香料等辅助原料，不用人工合成的添加剂；有机食品在生产、加工、贮存和运输过程中应避免化学物质的污染；加工过程必须有完整的档案记录，包括相应的票据。

有机食品主要国内外颁证机构是：

①中国的OFDC；②美国的OCIA(全称“国际有机作物改良协会”)；③德国的ECOCERT、BCS和GFRS；④荷兰的SKAL；⑤瑞士的IMO；⑥日本的JONA；⑦法国的IFOAM等。

有机食品认证新标准十分严格，有机蔬菜的独立包装上除了需贴上有机认证标签、认证单位之外还需要有17位数字构成的有机码，供消费者溯源辨真伪。同时，该标准还规定，申请有机认证的每种产品，每出产一次都要接受一次检测。另外，新规变动很大的一点就是“农残指标”“不得检出”，这一要求只能用“严苛”来形容，20 多个农残指标由“限制数量标准”变为“零残留”，均要求不得检出，这对基地和企业来说，要求“高得吓人”。

(3)标识

有机食品标志　　　　有机转换食品标志

有机食品标志

中国名牌农产品的申请、评选认定程序

中国名牌农产品的含义

中国名牌农产品是指经评选认定获得“中国名牌农产品”称号，并获准使用“中国名牌农产品”标志的农产品。农业部成立中国名牌农产品推进委员会负责组织领导中国名牌农产品评选认定工作，并对评选认定工作进行监督管理。

(4)名牌农产品需要具备的条件：

①符合国家有关法律法规和产业政策的规定；

②有独立的法人资格，并有注册商标；

③产品有固定的生产基地，批量生产已满三年；

④产品在国内生产；

⑤有稳定的销售渠道和完善的售后服务，消费者满意程度高；

(4)受理机关

申请人应当向所在省(自治区、直辖市及计划单列市)农业行政主管部门提出申请，并提交申报材料。

(5)申请人应具备的条件

申请中国名牌农产品的申请人，应具备下列条件：

①符合国家有关法律法规和产业政策的规定；

②有独立的法人资格，并有注册商标；

③产品有固定的生产基地，批量生产已满三年；

④产品采用国际标准或国家标准、行业标准、地方标准、企业标准组织生产；

⑤产品在国内生产；

⑥产品有一定的生产规模，市场销售量、知名度居国内同类产品前列，在当地农业和农村经济中占有重要位置；

⑦有稳定的销售渠道和完善的售后服务，消费者满意程度高；

⑧建立了文件化管理体系，有健全的质量控制体系和环境保护体系，产品质量责任可追溯；

⑨获得无公害农产品、绿色食品、有机农产品认证中的任一认证；

⑩提供2005年1月1日以后的农业部授权的检测机构或其他通过国家计量认证具有承检资格的检测机构出具的检验报告。

凡有下列情况之一者，不能申请"中国名牌农产品"称号：

①申请人注册地址不在国内，或使用国(境)外商标的；

②近三年内，产品在县及县以上各级质量安全例行监测和质量抽查中有不合格记录的；

③近三年内发生重大质量安全责任事故，或有重大质量投诉经查证属实的；

④有使用国家禁止使用的农业生产资料、原材料以及不符合质量安全要求的农业投入品记录的；

⑤生产国家产业政策和有关法律法规限制的产品的；

⑥有偷税漏税、掺杂使假、虚假广告等违反法律法规行为的；

⑦有其他不符合中国名牌农产品申请条件的。

(6)中国名牌农产品评选认定程序

申请人直接从中国农业信息网或农业部优质农产品信息网上下载《中国名牌农产品申请表》，于8月20日前向所在省级农业行政主管部门提出申请。

各省(自治区、直辖市、计划单列市)农业行政主管部门于8月审查申请人材料，形成推荐意见，并于8月31日前将合格材料排序上报到中国名牌农产品推进委员会办公室。申请材料包括：

①《中国名牌农产品申请表》；

②商标注册证书复印件；

③法人登记证明或营业执照复印件；

④采用标准的复印件；

⑤农业部授权的检测机构或其他通过国家计量认证的检测机构出具的有效检验报告原件，如是复印件必须加盖原检测机构公章；

⑥无公害农产品、绿色食品、有机农产品认证中的任一证书复印件；

⑦由当地税务部门提供的税收证明复印件；

⑧出口量、出口国和出口额的相应证明复印件；

⑨其他相关证书、证明复印件。

9月15日前，中国名牌农产品推进委员会办公室组织对上报材料进行形式审查，必要时进行现场检查。

9月27日前，中国名牌农产品评审委员会对形式审查合格的申请人进行评选，并将评选结果、评价指标等通过中国农业信息网等媒体向社会进行7天公示。

中国名牌农产品推进委员会于10月中旬，在第四届中国国际农产品交易会上颁发中国名牌农产品证书。

中国名牌农产品证书的有效期为三年，有效期满要继续使用中国名牌农产品称号的，应在期满前90天重新申请。

模块四　新型职业农民的法律素养

一、培育职业农民的保密、自律与法律素养

保守国家机密、崇尚自律与尊重法律是一切公民必须具备的基本理念。在一个公民社会里，没有谁能超过法律之外去从事社会活动，也没有谁可以放弃自律而仅靠社会管制。新型职业农民处于从传统的农民形态向职业化现代化形态转变初期，了解并把握好保密、自律与法律的内涵并养成保密、自律与法律的观念，对成为合格的新型职业农民有着重要的基础作用。

1. 保密的概念

保密就是保守秘密，就是对某些事项或信息实施控制和保护，不被他人接触或知悉。古今中外，小至个人、家庭，大至团体、政党、国家，为了保护自身利益，都会采取某种保密行为，生成和保护各种各样的秘密。秘密的存在是一种社会现象，保密是一种社会制度。

根据涉及的利益和内容的不同，秘密大体上可以分为国家秘密、工作秘密、商业秘密和个人隐私。

国家秘密是指关系国家安全和利益，依照法定程序确定，在一定时间内只限一定范围的人员知悉的事项。

工作秘密是指各级国家机关在其公务活动和内部管理中产生的不属于国家秘密而又不宜对外公开的事项。

商业秘密是指不为公众所知悉、能为权利人带来经济利益，具有实用性并经权利人采取保密措施的技术信息和经营信息。商业秘密包括非专利技术和经营信息，如管理方法、产销策略、客户名单、货源情报等经营信息；生产配方、工艺流程、技术诀窍、设计图纸等技术信息。商业秘密是一种知识产权，也是一种无形资产，关系到团队组织的竞争力，对团队组织的发展至关重要，有的甚至直接影响到组织的生死存亡。

个人隐私是指公民个人生活中不愿为他人公开或知悉的秘密。如个人的私生活、日记、照相簿、生活习惯、通信秘密、住址、账号密码、社会关系、财产状况、购物

记录、医疗就诊信息等。我国公民依法享有不愿公开或不愿让他人知悉的不危害社会的个人秘密的权利。

2.职业农民的保密意识问题

随着我国社会主义市场经济深入发展、对外开放进一步扩大和农业产业化经营日益发展,保密的对象、领域、内容、手段不断变化,农村也有了秘密,农民也越来越频繁地要接触到秘密。虽然目前农民的法治理念、法律意识日益强化,但对于有关保密的法律法规的了解相对欠缺。农民保密意识淡薄的表现大致如下:

(1)农民缺乏有关的保密法律知识

我国《宪法》第二章"公民的基本权利和义务"中规定:中华人民共和国公民必须保守国家秘密。《保密法》第三条规定:国家秘密受法律保护。一切国家机关、武装力量、政党、社会团体、企业事业单位和公民都有保守国家秘密的义务。任何危害国家秘密安全的行为,都必须受到法律追究。国家秘密和工作秘密涉及国家重要事项的未公开信息,产生于国家的政治、经济、国防、外交、科技、司法等领域,其内容一旦泄露,会使国家的安全和利益遭受损害。对上述保密知识的缺乏是农民的一个重要特征。

(2)农民保密意识淡薄

日常工作和生活中,农民更多的会接触到商业秘密。比如一些农民组织会有自己的管理信息、生产经验、技术诀窍等,这些是属于组织内部拥有的秘密,应制定严格措施保守秘密,所有成员包括雇员有义务保密。但由于长期的非组织生活,使得自由惯了的农民,并无意识去保守秘密。

(3)农民维护个人隐私权意识淡薄

对于个人隐私,目前我国还没有制定个人信息保护方面的专门的法律。只有对"个人信息"加以保护的法律、法规、规章及司法解释的相关条文。

我国的农村在传统上是"熟人社会",农民一般情况下没有个人信息的保密意识,也没有不泄露熟人个人信息的意识。随着互联网时代的到来,使得个人隐私权受到侵害的可能性越来越大。加强保密意识,保护个人信息,不仅是为了减少生命财产的损失,还是为了基本人权。

培育职业农民保密意识要从以下方面着手:一是构筑思想防线,要充分利用现代传媒的优势和作用,占领新兴的宣传领域和阵地,通过学习案例和技术,采取人们易于接受的方式,普及保密知识。使职业农民把保密作为一种习惯。二是在集中教育和日常宣传的结合上,重视日常宣传,以实现广大干部群众保密观念由量变到质变的提高,真正在所在区域范围内创造"我要保密"的氛围,为做好保密工作提供重要支撑。三要让职业农民在工作实践和社会生活中增强保密意识。要引导和指导广大干部群众在工作实践和社会活动中领悟保密法律的本意，把工作实践的过程作为增强保密意识的过程，使保密宣传教育根植于工作实践中。

3. 自律的概念

自律是指自我约束、自我管理。是以事业心、使命感、社会责任感、人生理想和价值观作为基础，通过自我约束、自我调整，把个人言行控制在制度、法规、道德允许的范围内。

自律是不断提高自己素质修养的一种自我约束力。和自律相对的是他律，他律有两个层面的内涵：一是宪法与法律；二是政策与规章。在很多情况下，他律作为某种规范不可能处处约束人的行为，自律作为内因不断自我约束更为重要。在每一个人的成长过程中，虽然他律作为外因起到了辅助作用。然而，很难想象一个不懂得自律而依赖他律的人，怎么能养成良好的个人修养和练就高超的工作技能。只有我们自身接受了他律，把他律内化成自律，才能真正起到作用，否则人们会想方设法逃脱他律的限制。

自律的个人特征：

强烈的责任意识　把“角色”当作责任，而不是地位和特权，对自己的职责负全责。这里的“角色”指的是个人在家庭和社会占居的不同位置及承担责任义务，比如父亲、儿子、村主任、总经理等。

自我管理能力　在可能的范围内，身先士卒，做团队形象的代言人和行为榜样。

坚持不懈　面对激烈的竞争，尤其是在面临困境或危急的时刻，能够顽强坚持，不轻言放弃。

抵御诱惑　有较高的职业道德素养和品格，能够在各种利益诱惑下，把握好自己。

4. 法律意识的内涵

法律就其本意来说是全体国民意志的体现，是国家统治的工具。由享有立法权的立法机关（全国人民代表大会和全国人民代表大会常务委员会行使国家立法权）依照法定程序制定并颁布，并由国家强制力保证实施。宪法是国家根本大法，它规定国家制度和社会制度最基本的原则、公民基本权利和义务、国家机构的组织及其活动的原则等。法律是从属于宪法的强制性规范，是宪法的具体化。宪法是国家法的基础与核心，法律则是国家法的重要组成部分。

“任何组织和个人都必须尊重宪法法律权威，都必须在宪法法律范围内活动，都必须依照宪法法律行使权力或权利、履行职责或义务，都不得有超越宪法法律的特权。必须维护国家法制统一、尊严、权威，切实保证宪法法律有效实施，绝不允许任何人以任何借口任何形式以言代法、以权压法、徇私枉法。必须以规范和约束公权力为重点，加大监督力度，做到有权必有责、用权受监督、违法必追究。”“法律是治国之重器，良法是善治之前提”。社会主义市场经济的根本是法治经济，在建设社会主义新农村的进程中，法治更是前提和重器。

法律意识就是人们对法律的认识。具体地讲，是人们对法律和法律现象比较自觉、比较稳定的认识和评价，既包括对法律的本质、法律的作用及对法律的要求和态度，也包括对法律行为、法律现象是否合法的评价等。其内涵包括以下几个方面：

法律意识既有感性的认识也有理性的认识。感性认识是偶然的、零散的、初步的，理性认识是必然的、系统的、深刻的。如果说传统农民的法律观念是感性的，那新型职业农民就必须上升到理性观念的水平。

法律意识关系到人的法律素质。只有不断提高法律素质，才能强化法律观念，才能理解市场经济的基本规则，才能维护自身的合法权益。

法律意识是确保遵纪守法的基本前提。只有充分认识和理解法律，才能把握好自身的言行举止，主动适应市场环境、社会环境、人际环境和自然环境。

很显然，法律意识是一个社会迈向法治的基本前提，正确的法律观念会指导人们在法律的框架下调整社会关系，引导人们形成普遍的守法精神，处处依法办事，整个社会就会高效运转，“依法治国”就会变成现实。

5.当前职业农民法律意识的问题

长期以来，有法不依、执法不严的一个无法回避的问题就是人们的法律意识淡薄，特别是农村地区，改革开放以来农民的法律观念有了较大的改善，但总体来说还落后于整个社会。

(1)农民对于关乎自身切身利益的法律如婚姻法、土地管理法等方面的法律认识比较深刻，但对宪法、诉讼法、选举法等一些重要的法律，甚至一些重要的地方法规了解的相对较少。

(2)在我国农村，由于几千年的小农经济传统，人们的行为还不能建立在比较规范、稳定的秩序之中，对行为规范的认识和评价更多的是在道德层面上，常常用道德评判代替法律裁定。

(3)农村法律产品的缺乏使得农民的许多问题无法在正式的法律途径中找到适合的解决方式。

【案例导引】

寻找价值

——CCTV2 在横县罗凤村拍的公益宣传片

广西横县罗凤村,村民们买菜和卖菜的方式很特别,买一把青菜,放一块零钱,卖菜人无须看守,买菜人全凭自觉,在近一百年的时间里,村里竟然没有丢过一把青菜,没有少过一分钱。而村民说,这只是他们的生活习惯。就像村民凌思耀老人说的那样:买家光明,卖家也要光明,大家买卖都要光明。

(资料来源:http://finance.sina.com.cn/roll/20120511/14 3112046784.shtml)

[案例点评] 一个看起来经济并不发达的农村,一个纯朴的习惯居然坚守百年,这就不仅是一种墨守成规,而是通过一个简单的行为诠释了人们对生活的价值的理解,正是这样具有活跃生命力的人和事,揭示了对我们民族的传统价值观的自律。诚信,是可以变成一种自律习惯的。

新型职业农民自律观念的养成是社会主义新农村建设过程的必然要求。随着我国农村经济发展各项政策的落实,新型职业农民将越来越成为三农的主力军,一个富有自律意识的职业农民队伍,有利于推进农业现代化、农村城市化和农民职业化进程。只有职业农民的自律观念得到加强,我国的全民素质提高才能落到实处。

二、培育职业农民自律观念的基本途径

(1)持之以恒地在社会实践中提高职业农民的自我修养

职业农民实现自律的一个基础性原则就是自我修养和长期实践相结合,一个人只有通过内心的反省和完善才能真正实现人格的健全。所谓“躬自厚而薄责于人”就是出现问题要首先反思自己,而不是指责他人。人在思想觉悟、道德水准和处事方法上的自我学习、自我控制和自我完善对自律观念的形成意义重大。当然,修养的提高离不开社会实践,自律的实现就是要将内在的道德观念外化为自身的实践活动。“实践是检验真理的唯一标准”,处于一定社会关系中的职业农民,总是要在一定的农村社会关系中认识自己,承担起应有的社会责任,坚持积小善成大善,多做有利于他人、社会、国家的善事,持之以恒地在社会实践中提高自我修养。

(2)充分发挥职业农民自身的积极性和主动性

自律既然是职业农民的一种自觉行为,就应当根据农民职业化的具体实践根据自身对国家的法律法规、社会倡导的道德规范、行为模式和准则的认同,自觉、自愿地将其转化为自己的言行准则,并积极投身于工作实践和日常行为活动中。同

时要充分依靠农民，从不断满足农民的物质生活和精神生活需求着手，把培育新型职业农民的外在力量转化成农民自身的成长过程。

(3)完成自律能力测试，为培育提供有力依据

说明：在现代社会几乎每一项工作都是离不开自律能力的，下面是20道测试题，符合你的情况回答“是”，反之回答“否”。

①当你因为娱乐耽误了计划好的重要工作，你会不会后悔？

②当被人要求做一件事情，并且你知道这件事情有很大的难度时，你是否会认为这是一项有趣的挑战？

③如果某项工作应当在当月5日完成，但你知道即使6日完成也没有人批评你，你会在5日完成吗？

④你经常仔细地计划你的资金吗？

⑤你通常能准时缴付各种账单吗？

⑥你是否善于记录、存放各种资料？

⑦如果你需要用某一证件，你能否自己在一两分钟内找到它？

⑧如果你需要赶一项任务，你能否一连数天都每天工作12小时以上？

⑨你是否经常主动做一些分外工作？

⑩你能长时间自动自发地工作吗？

⑪你是否能在没有人要求下为自己设定工作目标及完成截止日期？

⑫你是否经常计划如何使用你的时间？

⑬你今天是否做了时间支配计划？

⑭如果你不乐意做某件事，但上司要求你做，你会拒绝吗？

⑮你总是能专注地工作，而不会受外界干扰吗？

⑯如果某项工作很重要，即使没有人强迫你，你也会自发地做好它吗？

⑰有一项重要的工作需要加班，而这天晚上恰又有你非常喜爱的球赛，你会选择加班吗？

⑱碰上棘手的难题时，你总是首先想办法自己解决吗？

⑲你需要一些资料却无法得到，你会立即找人提供帮助吗？

⑳你不存在多次决心做某件事却最终因为主观原因没有做成的情形，对吗？

评价：回答“是”得1分，回答“否”得0分。得分15～20分者，自律能力强；得分10～14分者，自律能力一般；得分5～9分者，自律能力较差；得分5分以下，自律能力就太差了。

三、培育职业农民的法律意识

【案例导引】

观看电影《秋菊打官司》

在电影《秋菊打官司》中，秋菊因为村长打了丈夫，而且是踢了丈夫的要害部位，想要讨个说法。其实我们大概也明白秋菊就是想让村长道歉，承认踢那个地方是不对的。在西北一个相对落后的村子里，在普通村民眼里，村长是吃国家粮的，是公权力的代表。村长打村民几下，也被认为是理所当然的。但是秋菊认为村长不该踢丈夫的要害部位，就是想要村长给个说法，不能白踢了人，不能村长踢了人还是一副理所应当的态度。当秋菊去村长家没有作用，就开始到镇上、县里后来到市里开始了讨说法的艰辛历程。其实每一次的调解，秋菊一家并不是不接受，只是因为村长的态度，而导致秋菊的继续上诉。秋菊心里想的就是要让村长受到批评，对自己一家能有个公道的说法。后来秋菊想通过司法程序来讨个说法，其实秋菊对这个法律途径心中并没有概念，并不知道法律对于这种在熟人社会中的纠纷能用什么样的方式给个说法。最后因为造成秋菊丈夫肋骨骨折，构成了伤害罪，村长因此被拘留 15 天。可是这并不是秋菊想要的说法，秋菊根本没有想让村长被警察抓走。这么艰辛的打官司之路，却最终换来的可能是在这个村子里被隔离的困境。

在影片中秋菊和丈夫几次去村长家，村长的家人都是热情的打招呼，并没有因为秋菊打官司而对秋菊一家冷淡。尤其是秋菊孩子过满月的前一天，秋菊去村长家请村长一定要去参加孩子的满月酒时，村长一家让秋菊赶快上炕，村长还叮嘱把炕烧得热一些，感觉他们之间非常融洽。这与我们观念中的原被告之间的关系非常不同，这种关系只有在这种特定的生活环境中才有。村民之间是相互帮助，相互依赖，虽然有无数的小摩擦，但是仍然是紧密地联系在一起的。但是正式的法律制度却干预破坏了这种社会关系和这个村落中人们之间的默契和预期。当村长回到村里，他们两家之间的关系还会如此吗？肯定会有很大的影响。村里的其他人对秋菊一家同样会排斥，就因为再平常不过的纠纷，就把村长送进了监狱，于情于理都很过分，有点说不过去。这样秋菊一家就会处于被周围的村民漠视的境况。秋菊以后遇到类似的事情还会坚持去打官司吗？村民们遇到这样的问题，可能也会放弃通过正式的法律途径来解决问题的方式，在村民的心中，对法律有什么样的作用、怎么应用法律肯定都会有很多的误解，对这种正式法律的解决问题的方式都会不认可。由于种种因素，中国农村社会在一定程度上、在一定领域内是超越正式法律控制的，因为政府还不能提供足够的或对路的“法律”服务来保持这些社区的秩序。

从而我们可以看到人们的法律观念与法律的适用性之间的关系，法律不能为人们提供对路的“产品”，人们就会产生厌诉情绪。应该正确的认识这个问题，在我国的大部分的农村地区都存在这样的问题，人们不能从正式的法律途径中找到合适的解决的方式，而地方性的法律又不被承认。正式的法律制度没有或者没有能力提供村民需要的法律服务，而另一方面又禁止那些与正式法治相违背的“法律”实践。从而会很大程度上影响到法律制度的建设和发展。正是因为不恰当的法律解决村民之间的纠纷的方式，使人们产生了不正确的法律观念，从而使让人们离法律越来越远。

（资料来源：http://www.chinalawedu.com/web/174/pa2014062608551584348472.shtml）

四、培育职业农民法律意识的有效途径

1.增强职业农民法律意识的意义

（1）新型职业农民法律意识的培养是我国社会主义市场经济的要求

“社会主义市场经济本质上是法治经济。使市场在资源配置中起决定性作用和更好发挥政府作用，必须以保护产权、维护契约、统一市场、平等交换、公平竞争、有效监管为基本导向，完善社会主义市场经济法律制度”（中共中央关于全面推进依法治国若干重大问题的决定）。法治是建设社会主义市场经济的重要基石。如果没有完备的法治体系，市场要素就无法真正地发挥其应有的效率，企业就不能真正独立自主，市场环境也不能实现有效竞争和高效率运行，科学发展、可持续发展也就无从谈起。因此，市场经济要依靠法律把政府、企业和个人的行为紧密广泛地联系在一起，才能充分实现经济活动的效益。这就要求市场中最活跃的因素即人，必须具备良好的法律观念。正如党的十八届四中全会指出的，“必须使人民认识到法律既是保障自身权利的有力武器，也是必须遵守的行为规范，增强全社会学法尊法守法用法意识，使法律为人民所掌握、所遵守、所运用”。

（2）新型职业农民法律意识的培养是农村经济发展的要求

我国经济发展进入新常态，加快推进农业现代化、新型城镇化，对稳增长、调结构、惠民生意义重大。党的十八大要求，要坚定不移地走中国特色新型农业现代化道路，加快转变农业发展方式，不断提高土地产出率、资源利用率、劳动生产率，实

现集约发展、可持续发展。2014年中央农村工作会议也明确指出,全面建成小康社会的重点难点仍然在农村。挖掘农民这个最大群体的消费潜力,可以更好发挥消费的基础作用;农业农村基础设施和公共服务落后,有巨大新增投资需求,用好这个空间,可以更好发挥投资的关键作用;做大做强农业产业,可以形成很多新产业、新业态、新模式,培育新的经济增长点。所有这一切都要求我们必须拥有一支具有法治思维、法律观念的新型职业农民队伍。

(3)新型职业农民法律意识的培养是农民职业化的要求

农民职业化就是要将一个个普通农民培养成有文化、懂技术、会管理的新型职业农民。在国家着力推进土地确权、土地流转、大力发展农业专业合作社、家庭农场等新型农业经营体的新形势下,农业从业者将实现从传统农民向新型职业农民的升级蜕变。新型职业农民的一项基本素质就是要有法律观念,认识和理解法律的本质及作用,学会用法律来规范自身的行为、维护自身的合法权益。

2.新型职业农民法律意识的培育

在传统农业社会里,日出而作、日落而息的松散劳作形式带来的自然是一种无组织、无纪律的自由,近几十年农村经济改革虽开始触动一家一户的生产模式,但多数仍然是小农经济,宗法观念、权大于法、情高于法等法治意识不强现象依然是农村地区的突出问题。因此,伴随着农业生产方式的转变,提高农民的法律观念就成为造就新型职业农民的重要命题。

(1)加强宣传,典型引路,强化职业农民法律意识

现代法制是以市场经济为基础的,随着农村商品经济和市场经济的发展,必将冲淡自然经济下的宗法观念、人治思想,使包括契约精神、竞争意识、权利意识、平等意识等在内的现代法律意识生根开花。这是培养职业农民法律意识的现实物质基础。而对法律知识的了解与掌握,则是法律意识的思想基础。树立正确的法律观念,就必须要了解国家颁布的法律、法规,初步掌握国家法律大的门类,知道适用哪些法律来维护自己的合法权益。要实现此目的,各级政府部门就应把法律知识的宣传与普及作为农村发展的基础性工作,在农村开展形式多样的法治宣传教育活动。其次,要在农村基础教育中加强法治教育,结合中小学生的实际和成长特点,教育其知法、懂法、守法、护法,不断提高法律素养。教育部、农业部关于《中等职业学校新型职业农民培养方案试行》对新型职业农民法律观念的培养也有明确的指导意见,法律基础、农村政策法规、安全生产等将成为新型职业农民培养的重要内容,各类专业课程也要渗透法治教育,让法治教育贯穿新型职业农民培养的始终。同时,在市场经营活动中,职业农民不可避免地要拿起法律武器来维护自己的权益,在我们身边及新闻媒体中,农民欠薪案、工伤案、解除劳动关系案、违约案时

有发生，其中的许多典型案例都值得我们研究深思，通过典型引路，用身边人身边事现身说法，可以加速强化农民的法律意识。

(2)改善并逐步取消信访制度，进一步培育农民的法治意识

信访制度的程序是通过行政手段解决问题，而不可能直接进入司法程序，因此信访制度的实质还是人治，而不是法治。由于一系列客观原因，农民往往完全能够通过正常诉讼程序解决的纠纷也不选择诉讼，而选择信访。周而复始，越级上访、重复上访、群体上访的情况愈演愈烈。这是挫伤农民法治意识的重要原因之一。改善信访方式，消除农民对信访的依赖，乃至最终取消信访制度，将极大地促进对农民法治意识的培育。

(3)严格界定和限制公权力，进一步增强农民的权利意识

公权力的无限扩张，必然挤压私权利的空间。当前，公权力在农村几乎全面介入各个领域，农民的生产经营、土地使用权和林权的流转、开发商对农民的征地拆迁等，公权力都强力介入，其结果要么直接压制了农民的权利意识，侵犯了农民的利益，要么造成干群对立、警民对抗，最终引发恶性事件。要破解这一困境，根本出路就要通过立法，严格界定公权力范围，并严格限制公权力滥用。要加强乡村干部队伍建设，推进农村依法治理，运用法治思维和法治方式深化农村经济改革、推动农业产业发展、化解农村各类矛盾、维护农村社会稳定。要让掌握公权力的人明确一个道理，依法治国不是用法律压制农民，处罚农民，而是要求公权力“法无明文授权不得行，法有明文规定必须为”。只有这样，才能真正培育农民的权利意识。

(4)加快农村司法建设和执法监督，进一步增强农民的诉讼意识

《中国共产党第十八届中央委员会第四次全体会议公报》提出，“坚持严格规范公正文明执法，依法惩处各类违法行为，加大关系群众切身利益的重点领域执法力度，建立健全行政裁量权基准制度，全面落实行政执法责任制。强化对行政权力的制约和监督，完善纠错问责机制。全面推进政务公开，坚持以公开为常态、不公开为例外原则，推进决策公开、执行公开、管理公开、服务公开、结果公开”。司法是社会公正的最后保障，只有树立起司法的权威，才能使农民对这道保障树立信心。树立司法权威的途径，最有效的无疑是确保司法公正。国家应通过改革现行政治体制，从制度架构上保证司法公正。要让农民相信，胜诉与否的关键取决于法律的规定，而不是取决于谁来审案，更不是取决于是否有高官过问案件。只有这样才能使农民信权信情不信法的陋习得以改变，才能树立起职业农民“讼”的信心，进而增强其法律意识。

【学习拓展】

我国主要的农业法律法规

《中华人民共和国农业法》(2013 年 3 月 1 日)

《中华人民共和国种子法》(2016 年 1 月 1 日)

《中华人民共和国水法》(2002 年 10 月 1 日)

《中华人民共和国草原法》(2013 年 10 月 22 日)

《中华人民共和国森林法》(2009 年 8 月 27 日)

《中华人民共和国畜牧法》(2015 年 4 月 24 日)

《中华人民共和国渔业法》(2014 年 3 月 1 日)

《中华人民共和国海洋环境保护法》(2014 年 3 月 1 日)

《中华人民共和国水土保持法》(2011 年 3 月 1 日)

《中华人民共和国农业技术推广法》(2013 年 1 月 1 日)

《中华人民共和国农产品质量安全法》(2006 年 11 月 1 日)

《中华人民共和国农业机械化促进法》(2004 年 11 月 1 日)

《中华人民共和国农村土地承包法》(2003 年 3 月 1 日)

《中华人民共和国土地管理法》(2004 年 8 月 28 日)

《中华人民共和国农民专业合作社法》(2007 年 7 月 1 日)

《中华人民共和国村民委员会组织法》(2010 年 10 月 28 日)

《中华人民共和国动物防疫法》(2008 年 1 月 1 日)

《中华人民共和国水污染防治法》(2008 年 6 月 1 日)

《全国人民代表大会常务委员会关于废止〈中华人民共和国农业税条例〉的决定》(2006 年 1 月 1 日)

《中华人民共和国农村土地承包经营纠纷调解仲裁法》(2010 年 1 月 1 日)

《中华人民共和国农药管理条例》(2001 年 11 月 29 日)

《中华人民共和国基本农田保护条例》(1999 年 1 月 1 日)

《饲料和饲料添加剂管理条例》(2001 年 11 月 29 日)

《中华人民共和国耕地占用税暂行条例》(2008 年 1 月 1 日)

《农田水利条例》(2016 年 7 月 1 日)

模块五　新型职业农民的文明素养

一、培育职业农民的道德素养

职业农民是建设新农村的主体力量，培养有文化、懂技术、会经营、具有良好素质和道德水平高的新型职业农民是新农村建设的迫切需要和重要内容。当前农民思想道德素质方面仍存在较多问题，极大地影响了新型职业农民的培养进程。提高职业农民思想道德素质是培养新型职业农民的关键，是确保农产品质量安全和有效供应、促进农村经济快速可持续发展的思想保证和动力源泉。

【案例导引】

爝火燃回春浩浩——高淑珍事迹

（CCTV“感动中国”2012 年年度人物）

高淑珍，56 岁，河北滦南县司各庄镇洼里村普通农村妇女。高淑珍的儿子王利国 4 岁那年得了类风湿，落下了残疾。到了该上学的年龄不能上学。高淑珍心疼儿子，想在家里办个小课堂。后来她发现，附近村庄也有一些因肢残不能上学的孩子，他们都对读书充满渴望。她想让不幸的孩子都能读书，于是在家里办起了学校。这个学校一开就是 14 年。14 年间，她接收了近百名残疾孩子，却从未收过一分钱。学校的开办让她一家债务累累，但是“不”字她始终说不出口。无论多么艰难，她总是尽最大努力，让孩子们的生活过得好一些。

（资料来源：http：// tv. cntv. cn/video/VSET100151417564/b9d6ace9398e4887963c905e882d8b82）

［案例点评］“爱心妈妈”高淑珍这种乐善好施、不求回报的奉献精神是中华民族传统美德的集中体现，她靠艰辛劳动获得的报酬教育扶助残疾孩子，十几年来不离不弃，对于一名普通农村妇女来说难能可贵，这是社会主义核心价值观的具体体现。

1.道德素质的含义

道德是人们共同生活及其行为的准则与规范。新型职业农民的道德素质，是指农民的思想意识和道德品质，包括世界观、人生观、价值观等。其主要内涵是：

(1)调整人与人之间相互关系的行为规范的总和

道德规范的特殊性在于，它不是靠外来的强制力量起作用，而是以善和恶、正义和非正义、公平和偏见、诚实和虚假等作为道德判断，通过社会舆论、内心信念来评价人的行为。

(2)对我国悠久道德文明历史的传承

中华民族优良的道德传统是人类文明的重要精神财富，是我们建设社会主义道德的丰富源泉。我们有着五千年的文明，道德资源十分丰富，概括起来有：注重集体利益、国家利益和民族利益，强调对社会、民族、国家的责任意识和奉献精神；推崇"仁爱"原则，追求人际和谐；讲求谦敬礼让，强调克骄防矜；倡导言行一致，强调恪守诚信；重视道德践行，强调修养的重要性，倡导道德主体要在完善自身中发挥自己的能动作用。

(3)具有明显时代特征

随着改革开放的不断深入，农民逐步抛弃了自给自足的小农生产和生活方式，迈向健康、科学、文明的生活方式，思想道德观念和精神境界也发生着积极变化，集体主义观念、互助合作观念、崇尚科学观念得到了增强，农民的伦理道德内容不断得到充实，农民的理想、信念和价值观逐步树立。

2.职业农民道德素质的主要内容

根据2001年9月20日中共中央印发的《公民道德建设实施纲要》，当前我国新型职业农民道德素质建设应从我国历史和现实的国情出发，坚持以为人民服务为核心，以集体主义为原则，以爱祖国、爱人民、爱劳动、爱科学、爱社会主义为基本要求，以社会公德、职业道德、家庭美德为着力点。在新型职业农民道德素质建设中，应当把这些主要内容具体化、规范化，使之成为全体农民普遍认同和自觉遵守的行为准则。

(1)为人民服务是职业农民道德素质的显著标志

在新的形势下，必须继续大张旗鼓地倡导为人民服务的道德观，这不仅是对党员干部的要求，也是对人民群众的要求。要引导农民正确处理个人与社会、竞争与协作、先富与共富、经济效益与社会效益等关系，提倡尊重人、理解人、关心人，发扬人道主义精神，为人民为社会多做好事，反对拜金主义、享乐主义和极端个人主义，形成体现社会主义制度优越性、促进社会主义市场经济的健康有序发展的良好道德风尚。

(2)集体主义观念是职业农民道德素质建设的必然要求

在社会主义社会，人民当家做主，国家利益、集体利益和个人利益根本上一致，集体主义成为调节三者利益关系的重要原则。要把集体主义精神渗入社会生产和生活的各个层面，引导人们正确认识和处理国家、集体、个人的利益关系，提倡个人利益服从集体利益、局部利益服从整体利益、当前利益服从长远利益，反对小团体主义、本位主义和损公肥私、损人利己，把个人的理想与奋斗融入广大人民的共同理想和奋斗之中。

(3)爱祖国、爱人民、爱劳动、爱科学、爱社会主义是职业农民道德素质的基本要求

必须把这些基本要求与具体道德规范融为一体，贯穿农民思想道德建设的全过程。要引导人们发扬爱国主义精神，提高民族自尊心、自信心和自豪感，以热爱祖国、报效人民为最大光荣，以损害祖国利益、民族尊严为最大耻辱，提倡学习科学知识、科学思想、科学精神、科学方法，艰苦创业、勤奋工作，反对封建迷信、好逸恶劳，积极投身于建设有中国特色社会主义的伟大事业。

(4)社会公德是职业农民应该遵循的公共行为准则

在现代社会，公共生活领域不断扩大，人们相互交往日益频繁，社会公德在维护公众利益、公共秩序，保持社会稳定方面的作用更加突出，成为新型职业农民个人思想道德修养和社会文明程度的重要表现。要大力倡导以文明礼貌、助人为乐、爱护公物、保护环境、遵纪守法为主要内容的社会公德，鼓励农民在社会上做一个好公民。

(5)职业道德是职业农民应该遵循的职场行为准则

随着现代社会分工的发展和专业化程度的增强，市场竞争日趋激烈，整个社会对从业人员职业观念、职业技能、职业纪律和职业作风的要求越来越高。要大力倡导以爱岗敬业、诚实守信、办事公道、服务群众、奉献社会为主要内容的职业道德，鼓励农民在职业岗位工作中做一个好员工。

(6)家庭美德是职业农民在家庭生活中应该遵循的行为准则

家庭生活与社会生活有着密切的联系，正确对待和处理家庭问题，共同培养和发展夫妻爱情、长幼亲情、邻里友情，不仅关系到每个家庭的美满幸福，也有利于社

会的安定和谐。要大力倡导以尊老爱幼、男女平等、夫妻和睦、勤俭持家、邻里团结为主要内容的家庭美德，鼓励农民在家庭里做一个好成员。

3.职业农民道德素质养成中面临的问题

由于受传统观念和生活条件的影响，农民思想道德素质普遍来说较低，极大地影响了新型职业农民道德素质的培养进程，存在的主要问题如下：

(1)落后的小农意识

我国农村几千年来以“日出而作，日落而息”的方式生产、生活，居住分散、交通闭塞，长期以来形成了自给自足的小农经济状态，许多农民养成了安贫乐道、思想保守的小农意识。农民常常表现为满足于自给自足，得过且过，害怕竞争，看重眼前利益，缺少开阔的视野和长远的眼光。部分农民对土地有严重的依赖性，缺乏创新精神，不敢承担市场风险，习惯于沿袭以往的劳作和生存方式，对于转变经济发展方式、发展集体经济和发挥农业规模效应存在不信任感和恐惧感。

(2)愚昧的封建习俗

在农村很多地方，由于科普工作的滞后，农民普遍存在封建迷信的思想。遇事请道公巫婆驱魔问卜，出门要看个吉日，逢年过节上香拜佛，甚至是修庙堂、建寺院、塑神像，各种封建迷信现象屡见不鲜。这不但破坏了原本淳朴的民风，还阻碍了农民道德素质的提高，而且影响农村地区的经济发展和社会安定。

(3)单调的精神文化生活

由于农民普遍自身文化程度不高、活动范围较小，农民的精神文化生活较单调，缺乏较崇高的人生观、价值观。虽然随着农村生活水平的提高，大家有了丰富的电视节目，有农家书屋，甚至有网络等资源，但是很多农民都不愿接触、不愿学习新的知识，只是单方面攀比物质条件。例如，有的农民生活富裕之后，热衷于在红白事上大操大办，铺张浪费，不重视精神生活的丰富和提高，业余时间大多用于参与酗酒、赌博等不健康活动。

(4)功利化的价值取向

受市场经济的负面影响，商品交换的法则渐渐侵蚀到农民的精神领域，影响着农民的是非观、荣辱观、得失观、义利观。原本淳朴的农民也变得功利起来，价值取向功利化，进而引起传统的孝文化缺失，甚至是道德沦丧。例如，不尊敬老人、不赡养老人、夫妻关系紧张、父子反目的现象在农村一定程度存在着。买卖不讲诚信、弄虚作假、以次充好等行为也有所显现，甚至对本地原有特产的信誉造成极大的危害，遭受惨重的经济损失。

(5)严重的短视行为

部分农民不能正确认识自己,目光短浅,为了眼前利益,放弃对文化知识和科学技术的学习,参加技术培训只是为了得到误工补助,有的甚至是到发放误工补助时间才急忙赶到培训现场。他们的理由是,学习技术耽误生产,搞生产多少能挣点钱。这种短视行为在农村基层干部当中也有所体现。短视行为限制了农民在更深更广的领域和范围内获得更多的知识,限制了农民自身综合文化素质的提高。

(6)淡薄的法制意识

近年来,农村由于经济利益或矛盾纠纷产生的教训较多,存在群众缠访、冲击政府部门等现象,影响了正常的生产、生活秩序。究其原因,主要是由于部分群众法律意识淡薄,遇事稍不满意就产生极端化思想,不懂得用法律武器维护自身的合法权益,不清楚用法律解决问题的途径,当自身遇到无法解决的问题时,往往采取粗暴方式,使矛盾进一步激化,友好乡邻也变成仇敌。例如,因争水争地引起的民事纠纷、斗殴、危害乡里等现象在一些地方仍然存在。

【案例导引】

山东省善行义举"四德榜"

近年来,山东省启动实施了覆盖100多个县市区的公民道德建设"四德"工程,即家庭美德以"孝"为切入点,实施"孝德工程";职业道德以"诚"为重点,实施"诚德工程";社会公德以"爱"为主题,实施"爱德工程";个人品德以"仁"为目标,实施"仁德工程"。在全省建立2万多个善行义举四德榜,为1 000多万群众的凡人善举"树碑立传",覆盖全省30%的村居,在传递社会正能量的同时,使社会主义核心价值体系建设有效地融入群众生产生活。

山东"四德"工程建设的试点和探索起源于莱州市。当地有个800多人的山区小村叫朱家村,自1983年实行家庭赡养老人公示以来,村子没有发生一起赡养纠纷案和刑事案件,村民出门不用上锁,街上晒粮不用看守。

(资料来源:http://gz.wenming.cn/china_Towns/Towns_zhuanti/wenmdyx/country_moral_20140414/shanxingyijb20140417/201404/t20140417_1879801.shtml)

[案例点评] 善行义举榜是中国传统教化资源的创造性转化和创新性发展,是

传递社会正能量的很好平台，是推动社会主义核心价值观落细、落小、落实的有效抓手。有了这样的平台，也就有了可依赖的建设路径；有了这样的载体，也就有了可持续的培育和践行的动力。

4.培育职业农民道德素质的有效途径

(1)加强思想道德教育，引导职业农民树立现代思想道德观念

以爱国主义和集体主义教育为核心，加强职业农民的思想道德教育。用科学理论和先进文化来教育和武装广大农民，在广大农村中切实开展党的基本路线、基本方针和现阶段党对农村的政策教育。通过政策、法律、文化科技、移风易俗、无神论、“八荣八耻”等内容的教育，增强广大农民对党、对社会主义的热爱和对改革开放的认同感，对祖国、对家乡的自豪感，提升广大农民群众的思想道德水平，使农民树立正确的世界观、人生观、价值观，养成文明、健康、科学的生活方式，形成无私、奉献、勤俭的良好风气。持之以恒地向农民传播先进观念，培养职业农民积极进取、团结互助、尊重知识的现代精神，树立现代思想道德观念。

(2)开展道德实践活动，做好职业农民道德形象的示范引导

大力开展道德实践活动，以“文明村”“文明户”“五好家庭”“三好典范(好公婆、好儿女、好媳妇)”“信用村”“信用户”等形式树立一大批体现时代精神的可亲、可敬、可信、可学的先进典型和道德楷模，让他们在新农村文明建设中发挥示范、带动、辐射作用。同时，广泛开展向这些先进典型学习活动，通过一件件典型事迹感染人、教育人、带动人，让广大农民群众从先进事迹中受到鼓舞，让典型人物成为人们争相效仿的榜样，使先进典型的高尚情操成为社会的共同财富。

(3)大力推进农村经济，奠定职业农民道德素质养成的物质基础

古人云：“仓廪实，知礼节”。一个人的道德素质受经济基础的制约和局限，职业农民也不例外。许多道德问题，往往是日常生活中具体经济利益问题没有解决好而引发的。因此，加强农村思想道德建设，提高职业农民思想道德素质必须大力发展农村经济，打牢物质基础。必须把思想道德建设与经济发展结合起来，充分调动广大农民的积极性、创造性。在维护和实现群众利益中教育引导群众，让群众既受教育又得实惠，只有抓住两者的结合点，才能形成互动共长的和谐局面。

(4)加强基层组织建设，奠定职业农民道德素质养成的组织基础

农村思想道德建设工作很大程度上依赖农村基层领导干部的推动。因此，要

加大农村基层党委、政府推动的力度,采取有效措施充分调动农村基层干部抓精神文明建设的积极性。基层党委政府不仅要抓好经济工作,更要从思想和行动上高度重视职业农民思想道德素质的提高,采取有力措施把职业农民精神文明建设成果作为衡量工作业绩的重要内容。在具体工作方法上,要紧紧依靠职业农民,充分调动职业农民参与精神文明建设的积极性,最大限度地发挥他们的聪明才智,对基层创造出的好经验、好做法要及时总结推广。

【知识拓展】

公民道德建设实施纲要

《公民道德建设实施纲要》是中共中央于二〇〇一年九月二十日向全国印发的一个关于加强我国公民道德建设的重要纲领性文件。

《公民道德建设实施纲要》基本道德规范如下:爱国守法、明礼诚信、团结友善、勤俭自强、敬业奉献。社会公德:文明礼貌、助人为乐、爱护公物、保护环境、遵纪守法。职业道德:爱岗敬业、诚实守信、办事公道、服务群众、奉献社会。家庭美德:尊老爱幼、男女平等、夫妻和睦、勤俭持家、邻里团结。

怀柔农民出演微电影揭陋习

北京市怀柔区推出了公益微电影《文明就差这一点》,目前该片已在怀北镇东庄村数字影厅首映,并将陆续在全区各村巡演。这部公益微电影里的大部分角色都是由怀北镇普通农民参演的,内容是反映村民日常生活中的陋习,倡导文明新生活。为了丰富农民生活,创新活动形式,拍摄了一部揭露十大陋习的微电影,镇政府职员"改行"成了导演,村民成了演员,这种新式很容易让村民接受,以此提高怀北镇广大干部群众素质。

公益微电影《文明就差这一点》由10个故事组成,采取前后对比的方式拍摄,揭露飞速发展的今天,这些陋习会给人们的生活带来意想不到的危害,倡导每个人为了和谐社会只要多做一点,陋习就能变成美德。

微电影作为一种新型媒体形式,正影响着越来越多的人。而农民自己拍微电影,利用这种新媒体记录自己身边的人与事,让广大群众感觉亲切、深刻。在弘扬社会主义核心价值观过程中,农民微电影围绕"普通人正能量"讲故事,积极鼓励引导农民尝试当导演、当演员,通过将家人、邻里和发生在身边的故事拍摄成微电影,来实现让群众拍群众、群众演群众、群众看群众、群众学群众，以此更好地传播宣扬社会正能量。

二、优良家风代代传

“有好家才能走得远”，千百年来，无数家庭认同并信守这个朴素的道理。中国有句老话“积善之家，有余庆”，好的家风就是无声教诲，惠泽于家庭成员。有了好的家风，孩子才有出息、才能成才；积德行善，家业才会绵延长久，兴旺发达。

【案例导引】

崇尚节俭的周恩来

周恩来(1898—1976)，原籍浙江绍兴，生于江苏淮安。中国无产阶级革命家、政治家、军事家、外交家，中国共产党和中华人民共和国的主要领导人，中国人民解放军主要创建人和领导人。

周恩来的侄女周秉德女士说，伯父要求我们要和全国老百姓一样过简朴日子。我们都是在伯父的教导下，一步一个脚印踏踏实实地走过来的。在我们周家兄妹中，我们就是普通老百姓，没有人当大官，没有人经商挣大钱，没有小车子、大宅子。担任国务院总理时，哪怕再忙，也要腾出时间照顾孩子，不请保姆，自己亲身洗衣；在穿着上，孩子们的衣服和鞋袜大都是“接力”着穿，大的穿旧了，再让小的穿。在吃饭时，掉在桌上的米粒都要捡起来吃掉，一丁点也不浪费，吃到最后还要掰一块馒头把碗碟上的菜汁擦干净。

[案例点评] 每个人的家庭都有属于自己的家风，家风是给家中后人书里的价值准则。树立家风是中国人的一种习惯，它同中国的历史一样悠久，代代相传。家风好比是种子，好种出好苗，一个好的家风、好的家庭，可以让人走得更远。

1. 家风的含义

家风，简单地讲就是一个家庭或家族的传统风尚。家风是中华民族传统美德的现代传承，我们中华民族 5 000 多年的灿烂文化所孕育的许多优良的传统；家风是我们立身做人的行为准则；家风是社会和谐的基础。

2. 形成优良家风的重要性

家训是家庭的核心价值观，家规是家庭的“基本法”，家风是家族子孙代代恪守家训、家规而长期形成的具有鲜明家族特征的家庭文化，是一个家族最宝贵的财产，是每个家族成员自豪感的源泉，是每个家庭成员“三观”的基石。家风是融化在我们血液中的气质，是沉淀在我们骨髓里的品格，是我们立世做人的风范，是我们工作生活的格调；家风是民风社风的根基，是社会和谐的基础。

注重家风是中华民族的优秀品格，也是党的优良传统，良好家风是中华文明的重要组成部分，是我们成长的营养剂。习近平总书记指出：“家庭是社会的基本细胞，是人生的第一所学校。不论时代发生多大变化，不论生活格局发生多大变化，我们都要重视家庭建设，注重家庭、注重家教、注重家风。”

“家之兴替，在于礼义，不在于富贵贫贱。”知礼仪、重家风是中华民族的优秀传统。因家风清廉质朴、善良守信、进取有为而赢得赞誉的古今名人不胜枚举。包拯严厉要求其后代不犯脏滥，不违其志，否则就不是包家子孙，死了也不得葬在包家祖坟。岳母姚氏在岳飞背上刺下“精忠报国”四个大字，岳飞又严格教育参战的儿子，一心报国。清代名臣林则徐留给后辈的家训说：“子孙若如我，留钱做什么？贤而多财，则损其志；子孙不如我，留钱做什么？愚而多财，益增其过。”好的家风如同无声的教诲，助人立德立言、成人成才，让后人铭刻在心、代代受益。

好的家风有利于提高自身修养，更好的立足社会。

除社会秩序维护与文化传承功能之外，家风和家规还是我国诸多法律理念的重要来源。当下，“法治”已是国家建设的重要目标和社会共识。家风、家教这种属道德范畴的教化虽然在治理效能上很难与刚性的法治相比，但是，中国历史上无数次的礼法之争、德刑之辩，都告诉了我们，道德教化与法律治理，在本质上殊途同归。在我国法治建设过程中，应大力提倡传统的家风、家教建设。优良家风不仅可以弥补法治功能上的空缺，更能从精神认知层面提升公民凭借自我道德观念来约束行为的境界，从源头上减弱犯罪的动机。

焦裕禄对家庭、对子女的教育非常严格。大女儿焦守凤毕业以后，想去一个好单位。焦裕禄同志教育她说，你跟群众比一比，看是不是大家都能随便到一个好单位？你不能因为是县委书记的女儿就高人一等，你应该到艰苦的地方去锻炼。后来焦守凤就通过招工去了供销社副食品加工厂，在那里卖咸菜、酱油。焦裕禄还规定所有干部连同家属都不许看“白戏”。

3. 良好家风的基本要素

(1)尊老爱幼

尊老爱幼一直是中华民族的传统美德,尊老爱幼,指尊敬长辈,爱护晚辈,形容人的品德良好。尊老爱幼是中华民族的传统美德,有助于促进家庭和睦,社会和谐,也是现代中国人的基本修养。

我们每个人都会经历"幼""老"孟子说:"老吾老,以及人之老;幼吾幼,以及人之幼。天下可运于掌。"这两个阶段是人生中能力最弱的时期,需要他人的帮助才能更好地生活。如果生活中我们真正能体会到这句话的含义,那么就会形成自觉的行动,最终成为一种习惯和美德。

对老人和孩子的爱是一个家庭家风的重要组成部分。这种家风如果能够惠及他人,遍布社会,那么我们的周围也都会变得和谐温暖起来。

(2)孝敬父母

中华民族精力了几千年的历史和文化的积淀,孝道一向为我们所提倡。孝道是中国古代社会的基本道德规范。一般指社会要求子女对父母应尽的义务,包括尊敬、关爱、赡养老人,为父母长辈养老送终等等。《诗经》中则有"哀哀父母,生我劬(qú)劳"、"哀哀父母,生我劳瘁"的咏叹。试想,父母既有养育之恩,更有数十年如一日的教诲,为人子女者,能不义无反顾予以回馈么?尤其当父母处于垂老之年、贫病交迫之际,不尽子女的孝道,能说得过去么?可惜,这些浅而易见的道理,过去是因受"左"倾思想的奚落、当今是因"金钱至上"而被迫"靠边"。因此,提倡并弘扬孝道,恢复它的本来面目,应该作为社会主义精神文明建设的一项基本内容来抓,切实让孝道文化这一传统文化在新的形势下得以发扬光大。

孔子在《孝经》中说:"夫孝,天之经也,地之义也,民之行也";"人之行,莫大于孝";"教民亲爱,莫善于孝";"夫孝,德之本也"。孔子认为,为人子女孝顺父母,是天经地义的法则,是人们应该身体力行的。可见孔子对孝道的看重与推崇。作为中华民族普遍认同的优良传统,它强调幼敬长、下尊上,要求晚辈尊敬老人,子女孝敬父母,爱护、照顾、赡养老人,使老人们颐养天年,享受天伦之乐,这种精神无论过去、现在还是将来,都具有普遍的社会意义。不少有识之士大声呼吁:孝道是中华民族的传统美德。不管社会如何进步,社会文明如何发达,这种美德什么时候都不能丢。否则,就无异于大道废弃,纯朴破产,人心堕落,社会倒退。乌鸦尚有反哺(用口衔食喂其母)之孝;羊亦知有跪乳(小羊吃奶时要下跪在地上)之恩,更何况人乎?

(3)勤俭持家

唐代李商隐的《咏史》:"历览前贤国与家,成由勤俭败由奢。"释义:纵观历史,大到邦国，小到家庭，无不是兴于勤俭，亡于奢靡。勤俭持家 的字面意思为以勤劳节约的精神操持家务之意。

"一粥一饭当思来之不易，半丝半缕恒念物力维艰。"《朱子家训》说的就是"艰苦朴素，勤俭持家"的道理。勤俭是作风，一种风范，一种内心净化不被世俗污染的境界。身家 135 亿美元的 Facebook 创始人扎克伯格，最时尚的装束就是 T 恤和牛仔裤，还有个不到 10 万元人民币的小汽车。很多在福布斯排行榜中的"有钱人"都没有人们想象的奢靡的生活，而是勤俭而刻苦。

当然，勤俭不能等同于吝啬，它是让我们以一种美德，不奢侈、不浪费的精神传承下去。

(4)诚实守信

"言必行，行必果。"这是对诚信最好的诠释。其基本含义是指诚实无欺，讲求信用。千百年来，诚信被中华民族视为自身的行为规范和道德修养，形成具有丰富内涵的诚信观。

著名徽商胡雪岩在杭州胡庆余堂药店中，向内挂了一块"戒欺"的牌匾。他在跋文中写道："凡贸易均著得欺字""余存心济世，誓不以劣品弋取厚利""采办务真，修制务精，不至欺余以欺世人。"胡庆余堂药店之所以能够蜚声于海内外，生意兴隆，其秘诀就在于"戒欺"二字。这则故事说明，"戒欺"二字是企业成功的秘诀，也是企业家的无价之宝。

曾子杀猪教子的故事：曾子的妻子要去市集，儿子哭闹着要跟着去。曾妻便哄儿子说："你就留在家里玩，等我回来后，我就杀猪给你吃。"当妻子从集市回来，看见曾子准备杀猪。妻子连忙阻止说："我只是跟孩子说着玩的。"曾子说："不能跟小孩子开玩笑。孩子年纪幼小，不懂知识，会模仿父母的行为，听从父母的教导。今天你欺骗他，就等于教他学你那样骗人。母亲欺骗自己的孩子，孩子就不会相信自己的母亲。"于是，曾子杀了那头猪，并煮了猪肉给孩子吃。

英国著名的作家莎士比亚说："如果要别人诚信，首先自己要诚信。"

当然也有失于信的典故比如著名的"烽火戏诸侯"。公元前 782 年，幽王姬宫涅继承王位。当时差距发生地震，可幽王却不思救火之灾，反而纵情于声色犬马之中，醉生梦死。幽王三年，褒国为取悦幽王，进献美女褒姒。褒姒可谓名不虚传的绝色佳女。细柳腰，冰肌玉肤、花颜妖娆、色眼微动，便可令人魂不守舍。褒姒进宫后，幽王便不理朝政，终日在皇宫寻欢作乐，带褒姒和文武百官去骊山温泉游幸，为了游幸的安全，在骊山西绣岭第一峰上修筑报警设施——烽火台。

却说褒姒入宫后，幽王集众爱于褒姒一身。不久，褒姒便为幽王生得一子名伯服，幽王倍宠褒姒。可此时的褒姒却整日双眉颦蹙，凤目含忧，幽王看在眼里，痛在心上，以为褒姒思乡怀旧，遂令乐工弹琴为其解闷，希望得到美人一笑，可幽王使出了浑身解数，也未能如愿，于是面谕百官，“谁能使王妃一笑，赏黄金万两。”宠臣虢石父说他有妙计可使妃子一笑。幽王大喜，催其快讲：“王妃常忧，是恐大王三年之后，她母子无容身之地，大王若能立伯服为太子，点燃烽火，叫王妃看千军万马的壮观场面，褒姒肯定笑颜常开。”幽王听后即令诏书废申皇后和太子宜臼，立褒姒为皇后，伯服为太子，即驾幸骊山。

幽王来到骊山温泉行宫，命令点燃烽火，但见狼烟四起，火光冲天，各路诸侯看见烽火，急忙调动三军，直奔骊山。近前却听楼阁里，琴瑟声声，觥筹交错，却不见一兵一卒，可此时的褒姒看见惊恐万状的各路诸侯，却嫣然一笑，幽王见褒姒妩媚百生，不觉欣喜若狂，于是重赏虢石父。

公元前771年（幽王13年），犬戎、申侯乘幽王游幸骊山，分两路出兵，直扑骊山行宫。当幽王正与褒姒开怀畅饮时，忽见敌兵云集，顿时吓得魂飞天外，急令点燃烽火召兵，只见狼烟四起，却不见诸侯一兵一卒，幽王望眼欲穿，无奈之时，与褒姒上车随郑伯出后宫而去。申侯恐幽王逃走，急令兵将放箭，幽王和伯服死于乱箭之中，褒姒被犬戎兵将俘虏，献给戎王。

这就是历史上典型的狼来了的故事，失信而失人，可见诚信对于每个人的重要性。有句俗语：“一个谎言要用十个谎言来圆。”所以，失信是具有连锁反应的。

三、提高职业农民的文化素养

（一）终身学习：掌握科技文化是职业农民的基本要求

要全面建成小康社会，重点和难点都在农村。“三农”问题的核心是农民问题，农民问题的核心是增收的问题，要使农民增收最好的选择之一就是要提升农民的科技素质。新农村经济、政治、文化的发展，离不开广大农民的参与，现代化农业与社会主义新农村建设需要眼界开阔、有专业知识、懂经营管理、能够不断汲取新的科学技术、综合素质较高的新型职业农民队伍。

【典型案例】

“老农民”王灵光

王灵光虽然只有28岁，但对于刚从河南农大读完研究生的他而言，已经是一位典型的“老”职业农民了：不仅自己从事农业生产，还带领90多名学长学弟在省内建立了5个标准化种植基地，经营了1.2万亩土地，技术服务推广面积达9万多亩。

"2013年的5月4日，荣获了中国青年五四奖章，在座谈会上向习主席提到'职业农民'的时候，习主席说的一句话让我记忆犹新：'灵光，你说得特别好，只有农民职业化，才有未来的农业现代化……'。"王灵光说，"习主席的话至今在我的耳边萦绕，如何使农民职业化，如何才能实现自己的'农业梦'，是我和同事们、老师们探讨最多的一个话题。"

"随着国家的惠农政策越来越多，工商资本进驻农业，科技力量日益增强，未来中国农业的发展不缺政策、不缺资金、不缺资源，缺的一定是人，是可以躬耕于田间地头的新型职业农民。"王灵光说。

[案例点评]"未来谁来种地"一直是农业领域讨论的热门话题，新型职业农民的科技素质提高也是当务之急、迫在眉睫。

1.科技素质的含义

职业农民的科技素质，主要指职业农民所掌握的文化、科学、技术知识和劳动经验、生产技能等达到的程度。它通常反映职业农民接受文化科技知识教育的程度，掌握文化科技知识量的多少、质的高低以及运用于农业生产实践的熟练程度。因此，科技素质是以文化素质为基础，文化基础的高低影响着科技素质的提高效果。

2.科技改变了生活

历史上，科技的发展推动了人类的进程，使人类开始了崭新又美好的生活。火药的发明，使人类能劈山开路、架桥、建筑，使人类从冷兵器时代进入热兵器时代，带动了各项事业的极大发展。

造纸和印刷技术的问世，使人类有了书写条件，推动了人们文化、艺术、语言、科技、经济等的广泛传播与交流。

指南针的创世，促进航海、贸易的发展，完成了地理大发现，使人类认识了地球。杂交稻、超级稻的科技成果，大大提高粮食产量，解决了世界人口的吃饭问题。电的发明，使人类进入电器时代，又一次拉动生产力的巨大发展。给全世界带来光明。电波的发现，带动一连串的重大发明，电视、手机、电话等的普及，极大地丰富了人们的物质生活和文化生活。

计算机的问世，把世界带入信息时代，缩短了世界的距离……

科技改变了生活。未来社会，科技素质的养成将关系着一个民族、一个国家的兴衰。

3.职业农民科技素质现状

在传统农业生产中，农民主要依靠长辈们言传身教和模仿来获得技术，大部分农民没有接受过系统的农业技术教育和职业培训，其不足表现为：

(1)先进的生产设备推广不力

对于先进的农业机械，诸如耕种类、植保类、收获类等机械，由于农民缺乏农业机械知识，使用以及维修这些先进机械需要耗费大量的时间、金钱和精力。农民对先进农机的拥有热情大大降低，不仅农业资源得到浪费，也很大程度地降低了生产效率。

(2)农作物种植不够科学

在农作物种植时间分配、种植密度、配方施肥、防虫治病周期及药剂选择使用等方面都不够科学。虽较以前农作物产量大大提升，但是目前实际产量与利用农业技术培植的农作物的产量还是偏低，产量提升空间依旧比较大。

(3)科学养殖重视不够

先进养殖技术引进与落实不够，包括渔业养殖、畜牧业养殖。尽管饲料的生产与引进给养殖业注入了新的活力，但是目前农村出现的猪瘟、鸡瘟、狂犬病等病毒蔓延依旧没有得到足够的重视与有效防范，农民群体在“大风波”中依旧是损失最重的受害群体。

(4)对农业科技的认知接受能力较弱

大多数农民对农业新技术、新产品表现出消极观望的态度，能看懂农业科技知识的很少，很难掌握操作要领。

4.影响职业农民科技素质的因素

导致职业农民科学素质偏低的因素，有内在的主观原因，也有外在的客观原因。

(1)内在主观因素分析

职业农民是提升科学素质的主体，是农业科学技术的接受者和最终使用者，来自职业农民自身的因素对其提升起着至关重要的引导作用。其思想观念与行动直接影响着学习运用科学知识的意愿和农技推广工作的时效，内在的主观原因无疑是决定职业农民科技文化素质的主要因素，表现如下：①受教育程度偏低。据有关数据统计，当前职业农民受教育程度大部分处于初中和初中水平以下，他们对于新农业科技知识与技术了解较少，学习接受能力差，实践运用能力低。这是制约职业农民科学素质的关键因素。②受小农经济思想牵制，观念老化。随着经济体制的改革，小农经济已经解体，但农民受以前“自给自足”思想的影响，固守陈规、安于现状，不愿意去接受外部新的事物，不关心外部世界的变化和发展，没有从根本上转变小农经济的思想意识。

(2)外在客观因素分析

职业农民科技素质的高低，与其生活、生产环境密切相关。目前，影响职业农民群体科技素质的外部因素主要是：①缺乏基础设施。农村可以说是社会发展最落后的地方，相对于城镇来说，农村科技知识资源的来源渠道少，缺乏相关的书报杂志、缺少方便快捷的网络信息平台、缺乏学习交流的必要场合，这些在很大程度上都是造成农民科技素质偏低的客观原因。②政府重视力度不够。受城乡二元制模式的影响，农村的发展远远落后于城镇。农民都存在这样一种思想——读书走出农村、跳出农门，大量优秀人才从农村流失，农村出现一种“逆淘汰”的现象，而科技文化素质和能力偏低的人及老、弱、妇、幼却被留在了农村，导致了职业农民群体的科技素质低下。

5.提升职业农民科技素质的措施

(1)改变农业科学技术推广与传播方式，提高职业农民的科技素质

提高职业农民的科技文化素质，要改变科技推广方式和传播方式。过去农民掌握农业技术知识主要是靠基层农业技术人员的培训与指导的方式来获得。现在，随着农村经济的发展和农民生活的逐步改善，有线电视、电话、电脑进入农户的比例不断提高，职业农民获取科技知识的渠道多。但目前，农村信息组织化程度和利用率都还较低，与农民渴求依靠科技致富和农村经济发展的要求仍然还有不小的差距，需要政府加大农村信息化建设力度，进一步提高农业和农村信息传播方式与手段，充分运用各种信息资源，利用互联网、移动通讯电话、广播电视等传媒工具构建农业技术、农村劳动力培训与就业、农村人才资源开发与管理、市场信息等信息平台，在农村大力实施“农业科技进村入户工程”、“农业 110”等工程，为农民学习科学技术知识、了解各种信息，提高自身科技素质创造更加方便、快捷的有利条件。

(2)积极创新科技培训方式，提高职业农民的科技素质

提高职业农民的科技素质，要积极创新科技培训方式方法是关键。目前，职业农民的科技培训工作虽说有了较大的进展，但仍存在培训手段单一，培训内容与生产实际相脱节，培训效果不理想等问题。要改变这种状况，就必须加强农业职业院校和教育培训机构的师资队伍建设，强化管理措施，创新方式方法，根据职业农民生产经营、日常生活的需求有针对性的安排培训内容，采取集中与分散相结合，举办讲座与印发资料相结合，观看电视、广播、录像与现场指导相结合，理论培训与实践操作相结合，邀请教学科研单位的农业专家授课与当地的农业劳模、生产经营能

手专题报告相结合等方式，对职业农民进行科技教育培训。

(3)通过典型示范引领、团队合作，提高职业农民科技素质

围绕新型职业农民岗位需要和创业兴业的需求，依托新型职业农民培育等工程，注重发现、扶持、树立典型。以农民企业家、种养大户、专业合作社负责人为重点，通过技术指导、政策扶持和跟踪服务，提高他们的创业创新能力，发挥"示范引领、辐射带动"的效应。激发其他职业农民学科学、习技术、入团队的积极性和自觉性，经过在合作组织中工作实践及成员之间的传、帮、带，促使广大职业农民整体科技素质提高。

【案例导引】

让农民种地也"牛气"

高健浩有很多头衔，江苏田娘农业科技有限公司董事长，田娘农场创始人，苏州市"带头致富"标兵，农业部"全国生产大户标兵"，联合国秘书长特别顾问莫里斯·斯特朗口中解决了世界性难题的"了不起的中国农民"。可他自己说"我就是个农民，一个靠土地吃饭的农民"。

1992 年春，当时是芙蓉村支部书记的高健浩带着 17 个村民，提着简易的行囊，踩着自行车，满怀豪情地骑到 50 多千米外的昆山市正仪镇，承包了当地 4 800 多亩水稻田。

农民跨市承包大片土地搞种植，这在当时的苏南地区还是头一遭。高健浩邀请了当地乡政府、供销社、银行、粮管所的干部与村支书一起坐下来，提出了一个对当时的农村来说十分"超前"的方案。"承包农田的种子我们自己解决，种粮所需的农资贷款由银行帮我们解决，粮管所进行担保。粮食卖掉后把钱交给粮管所，扣除租金、农资、人工等成本后，多下来的部分就是我们承包者的收入。"高健浩当时没有意识到，他开创的是一条"农产品抵押信贷"的新路子。

高健浩带领一起包田的农户采用从上海松江水稻专家陈永康那里学到的"水稻免耕法"，风里来雨里去，凭着先进的耕作方法和没日没夜的辛苦，1996 年，高健浩带领的 17 位"种粮勇士"衣锦还乡，每人怀里都揣着足够在常熟城里买套别墅的现款，回家盖起了新楼房。

病虫防治用上无人机

"今年上半年有风灾，下半年雨水多，水稻在抽穗和收割等关键时期都遇到恶劣天气，幸亏小雷调度着合作社的农机为我们贴心服务，我们才保住了粮食的好收

成。”江西省丰城市秀市镇雷坊村种田大户甘俊告诉记者。

2009 年 5 月，“80 后”农民雷应国组织丰城市秀市镇及周边乡镇的 61 户种粮大户，成立了丰城市最大的农民种植专业合作社——丰城市秀市佳和种植农民专业合作社，并担任合作社的理事长。

2009 年 7 月，雷应国组织成立了丰城市唯一一家系统性专业化机防服务队，实行统防统治。在农业、农机部门的配合指导下，佳和种植专业合作社不断壮大水稻专业化防治队伍，大胆实践新技术、新装备。

丰城市农业局局长熊炜告诉记者：“作为‘80 后’的新农民，小雷有思想、有头脑，全身心投入到农业生产中，在全市的种粮大户中起到了很好的典型示范作用。”

雷应国不仅第一个在当地租用动力伞飞机实施水稻病虫害防治，去年 6 月，他又使用了“加农炮”(风送式高效远程喷雾机)等设备进行喷药。机防服务队 5 年来为合作社成员节约病虫害防治成本 90 多万元，实现粮食亩均增产 30 多千克。在佳和合作社的示范带动下，丰城市去年已引进自走式喷杆喷雾机、“加农炮”和植保无人机等大型现代化喷药器械 25 台(套)，应用于 50 多万亩稻田，实现了区域内病虫防控处置率 100%，防治效率大幅提高，化学农药用量减少 20%以上。佳和合作社的专业化机防服务队被评为江西省“十佳专业防治组织”。

(资料来源：http://www.hbncw.cn/Item/103628.aspx)

【学习拓展】

公民科技素质

公民科技素质含义的理解和表述，随着社会和经济的发展不断变化而更新，还没有形成统一、广泛认可的表述，以下为几个代表性的表述：

国际经济合作组织(OECD)认为，科技素质是运用科学知识，确定问题和作出具有证据的结论，以便对自然世界和通过人类活动对自然世界的改变进行理解和作出决定的能力；

国际学生科技素质测试大纲(PISA)中提出，科技素质的测试应该有三个方面组成：科学基本观念、科学实践过程、科学场景，在测试范围上由科学知识、科学研究的过程和科学对社会的作用三个方面组成；

美国学者米勒认为，公众科技素质由相互关联的三部分组成：科学知识、科学方法和科学对社会的作用，具体说就是，具有足够的可以阅读报刊上各种不同科学观点的词汇量和理解科学技术术语的能力，理解科学探究过程的能力，关于科学技术对人类生活和工作所产生的影响的认识能力；

欧盟国家科学素质调查的领导人J·杜兰特认为，科技素质由三部分组成：理解基本科学观点、理解科学方法、理解科学研究机构的功能。

《全民科学素质行动计划纲要》

2006年国务院发布的《全民科学素质行动计划纲要》，其中提到了2020年新型职业农民科学文化素质行动的主要任务有四项任务：

(1)面向农民宣传科学发展观，重点开展保护生态环境、节约水资源、保护耕地、防灾减灾，倡导健康卫生、移风易俗和反对愚昧迷信、陈规陋习等内容的宣传教育，促进在广大农村形成讲科学、爱科学、学科学、用科学的良好风尚，促进社会主义新农村建设。

(2)围绕科学生产和增效增收，激发广大农民参与科学素质建设的积极性，增强科技意识，提高获取科技知识和依靠科技脱贫致富、发展生产和改善生活质量的能力，并将推广实用技术与提高农民科学素质结合起来，着力培养有文化、懂技术、会经营的新型职业农民。

(3)提高农村富余劳动力向非农产业和城镇转移就业的能力。

(4)提高农村妇女及西部欠发达地区、民族地区、贫困地区、革命老区农民的科学文化素质。

(二)文化素质：传统文化与现代文化的融合

文化素质更多的是指你所接受的人文社科类的知识，包括哲学、历史、文学、社会学等方面的知识，这些知识通过语言或文字的表达体现出来、通过举手投足反映出来的综合气质或整体素质。当今的时代是知识经济时代，更需要文化素质的提高，而现阶段农民队伍整体受制于文化素质的影响，不利于新技术、新观念的学习和推广。要推进现代化农业与社会主义新农村建设，必须提高新型职业农民的整体文化素质。

1. 文化素质的含义

文化素质指人们在文化方面所具有的较为稳定的、内在的基本品质，表明人们在这些知识及与之相适应的能力行为、情感等综合发展的质量、水平和个性特点。

2. 现阶段我国职业农民文化素质及农村教育的发展现状

(1)农民的受教育状况获得了显著的改善

调查显示，不识字或识字很少的农民比重由1985年的27.87％下降到2006年的6.8％；相同时期内，小学教育程度农民所占比重由37.13％下降到32.7％；

受到初中教育的比重则增长显著，由 1985 年的 27.69%上升为 49.5%；高中或中专教育的农民比重由 6.%上升到 9.8%；大学教育的农民比重达到 1.2%。从学历结构看主要表现为文盲与半文盲、小学文化程度大幅度下降，初中文化程度大幅度上升，但农村劳动力的文化程度整体表现仍然不高。与一些发达国家相比，我国农民文化程度的差距就更大。法国 7%以上的农民具有大学文凭，60%的青年农民具有中专水平。德国 7%的农民具有大学文凭，53%的农民受过 2～3 年的职业培训。日本农民中大学毕业的占 5.9%，高中毕业的占 74.8%，初中毕业的占 19.4%。因此从整体上看，我国农民仍然是一个文化知识贫乏的群体。

(2)农村及西部地区基础教育水平相对滞后

从基础教育状况看，具备初中教育水平的农民的比率增长明显，但地区间农民基础教育水平仍存在差异，其中中部地区与全国平均水平相近，西部地区仍较为滞后，特别在初中及以上教育水平的比率明显低于全国平均水平。在农村许多地区，由于教育投资少，学校校舍陈旧，师资薄弱，教学设备条件差。图书仪器缺乏，许多中学生没有条件做物理、化学实验，有的中学甚至连演示实验都无法开展。教师待遇较差，师资队伍整体素质低，不少教师未达到国家规定的学历水平。

(3)职业农民对文化知识的学习意识全面觉醒

总体而言，我国职业农民对文化知识的学习意识已经全面觉醒，尽管对文化知识效用的认识具有多样性，但是绝大多数对学习文化知识持明显的积极态度。

(4)多数农民对子女接受文化知识教育的重视程度提高

职业农民对文化知识重要性的认识提高，对子女上学受教育也比较重视。但往往面临一些生活和经济上的现实压力，孩子的成绩不好以及农村基础教育相对薄弱等状况也在一定程度上导致了辍学。自 2007 年起，全国农村义务教育阶段学生全部免除学杂费，实现真正意义上的九年义务教育，进一步降低了辍学率。现在，少数地区实现“十二年义务教育”，即从小学到高中全部免除学杂费，学前教育也引起普遍重视，农村基础教育的发展前景比较乐观。

3.职业农民文化素质的现状制约了农村经济的进一步发展

职业农民文化素质偏低，对新事物、新文化、新科学、新技术、新成果的学习理解和接受运用能力差，导致职业农民参加教育培训的意识比较淡薄，缺乏参加培训的主动性和积极性。有些农民错误地认为：不参加培训，不拿证书，照样能够在地里干活。不少农民参加教育培训活动是在反复动员的情况下或为完成行政任务被动参加的，在教育培训过程中存在态度不够积极、学习不够认真、学习效果不够好、学了基本不用的想象普遍存在。因此，由于职业农民整体文化水平低，致使其站不高、看不远、能力差、思想保守、观念陈旧，一定程度上制约了职业农民的现代化，进而影响了农业现代化建设和农村经济的进一步发展。

4.实现职业农民文化素质提高的途径

【案例导引】

农家书屋

“没想到不用去农家书屋就能看到有用的书籍，省时又省力。”甘肃庆阳市西峰区什社乡李岭村村民李怀功抱着智能手机，乐开了怀。

继2005年甘肃首创“农家书屋”并实现全国推广后，该省又将传统的农家书屋“升级”，在国内首创“数字农家书屋”，为推动精准扶贫、提高农民素质提供了新帮手。

数字农家书屋，是甘肃省新闻出版广电局和甘肃省财政厅牵头，由读者甘肃数码科技有限公司具体实施的基于无线WiFi覆盖下的网上读书模式。该模式目前已在甘肃庆阳市试点成功，完成了65个新农村“数字农家书屋”的建设和试运行，然后将逐步在全省推广。

首创数字农家书屋，是甘肃精准“扶智”的新路子。只要任何终端设备进入“数字农家书屋”所覆盖的无线网络区域，均可通过自用设备连接无线网，进入网上“农家书屋”读书或免费下载图书。

“我们正在加快‘听书’功能的研究，让村民通过终端设备阅读的同时，还能听到读书声，提高阅读效率。”读者数码科技有限公司总经理金大时说，今后村民们可以戴着耳机，一边干农活一边听书。

据悉，由该公司自主研发并上线的读者云图书馆已正式开放“农家书屋”端口，拥有图书、多媒体与农业专业资料、原创文学、期刊等一级类目书目约4万册，推出农业类专题近50期。

据读者数码副总经理周馨梅介绍，随着云图平台功能的不断完善，今后数字农家书屋还将考虑建立“村务公开栏”“与农科专家面对面对话”等栏目，以方便村委会各项工作的顺利开展和农民种养殖病虫害等问题的现场解决，还将有效对接农产品供求市场，解决传统农业中因信息不畅而导致滞销的问题。

“如果在这个平台上除了看书，还能发布产品销售信息，那吸引力就更大了，我们的生活将发生很大变化！”毛寺村村民毛锦锋兴奋地说。

据介绍，庆阳市试点区域“数字农家书屋”无线基站使用人数比例达到90%以上，登录读者云图书馆、数字农家书屋端口人数比例达到95%以上。这说明，数字农家书屋能够在真正意义上帮助农民实现“移动阅读”“海量阅读”和“低碳阅读”。

对于新农村建设和精准扶贫来说，这将是一个具有普遍推广价值的创新模式。

（资料来源：http://gs.people.com.cn/n2/2016/0616/c358184-28515247.html）

职业农民是农村生产生活的主体，是建设现代农业与社会主义新农村文化的主体，是农村经济社会最主要的建设者。职业农民素质的高低决定了农村社会发展的速度和质量，农民知识化进程的快慢，在很大程度上决定着农业和农村现代化的发展步伐。因此，培养出一大批高文化素质的职业农民，实现共同富裕，既是社会主义新农村建设的核心内容，也是建设社会主义新农村文化的核心和关键。

5.实现职业农民文化素质提高的途径

（1）加强人文社科类的知识教育，引导职业农民努力提高文化素质

提高职业农民文化素质不只是教给科学技术方面的知识，更多的是指职业农民所接受的人文社科类的知识，包括哲学、历史、文学、社会学等方面的知识。可见提高职业农民的文化素质非一朝一夕之功，需要建设良好的农村文化氛围和文化根基才能够得以实现。

（2）注重农村文化内容、形式和手段的自觉创新，更好地满足职业农民日益增长的精神文化需求

职业农民，是农村文化的主体，他们的文化素质及劳动技能情况直接影响到农村生产力的高低。必须注重农村文化内容、形式和手段的自觉创新，努力找准契合点，不断打造新亮点，这样才能更好地满足农村群众日益增长的精神文化需求。一是要把职业农民致富奔小康作为实现文化自觉创新的原动力。农村基层文化工作要主动适应职业农民"求富、求知、求乐"的综合性文化需求。要积极引导、扶持职业农民发展农村特色文化产业，让职业农民在致富奔小康的进程中真正尝到文化的甜头，真切体会到文化的价值，从而激发他们在新农村文化建设中的主动性和创造性。二是要把特色文化建设作为农村文化自觉创新的最佳切入点。积极挖掘农村现有的、独特的历史文化或民族文化资源，在保持特色文化喜闻乐见的风格的同时，充实其内容，创新其形式，赋予时代性、教育性，使其成为传播先进文化的载体，为职业农民提供丰富多彩的民间文化活动和精神产品。

（3）创造条件，开展职业农民的文化实践活动

职业农民是农村文化建设的生力军，只有最大限度地把职业农民吸纳到文化实践活动中来，才能更好地摸清职业农民的文化需求，提高农村文化自觉创新的科学性和针对性。同时，职业农民开展文化实践活动，也有利于发挥典型示范作用，吸引越来越多的职业农民关注并参与到农村文化建设中。近年来，伴随着农村文化活动的广泛开展，职业农民的精神世界也日益丰富，为群众致富奔小康提供了强

大精神力量和智力支持。一方面，各类文化特色活动的开展，进一步加大了农民家庭之间、邻里之间、乡邻之间的相互沟通和联系，宣传了党的方针政策，有力地促进农村思想道德建设。另一方面，通过文化活动，普及科学文化知识，使人民群众知识水平和劳动技能不断提高，为城乡经济发展注入了生机和活力，还行之有效地杜绝了长期以来聚众赌博的恶风陋习，改变了职业农民的精神面貌，维护了社会稳定，促进农村经济发展。

(4)加强农村文化基础设施建设，奠定职业农民文化素质养成的物质基础

针对当前农村文化活动场所和设施建设总体上与满足职业农民精神文化需求差距较大的现实状况，应加大"文化资金"的投入。一是建立以政府投入为主的投资保障机制，每年从财政预算中单列专项资金用于农村文化基础设施建设和活动经费支出，确保公共财政对农村公共文化事业的投入。二是将新农村文化阵地建设列入政府实事工程，加大对镇村级文化设施的投入。

【学习拓展】

"互联网＋"

"互联网＋"是互联网思维的进一步实践成果，它代表一种先进的生产力，推动经济形态不断的发生演变。从而带动社会经济实体的生命力，为改革、创新、发展提供广阔的网络平台。

通俗来说，"互联网＋"就是"互联网＋各个传统行业"，但这并不是简单的两者相加，而是利用信息通信技术以及互联网平台，让互联网与传统行业进行深度融合，创造新的发展生态。

几十年来，"互联网＋"已经改造及影响了多个行业，当前大众耳熟能详的电子商务、互联网金融、在线旅游、在线影视、在线房产等行业都是"互联网＋"的杰作。

2014 年 11 月，李克强出席首届世界互联网大会时指出，互联网是大众创业、万众创新的新工具。其中"大众创业、万众创新"正是此次政府工作报告中的重要主题，被称作中国经济提质增效升级的"新引擎"，可见其重要作用。

2015 年 3 月，全国两会上，全国人大代表马化腾提交了《关于以"互联网＋"为驱动，推进我国经济社会创新发展的建议》的议案，表达了对经济社会的创新提出了建议和看法。他呼吁，我们需要持续以"互联网＋"为驱动，鼓励产业创新、促进跨界融合、惠及社会民生，推动我国经济和社会的创新发展。马化腾表示，"互联网＋"是指利用互联网的平台、信息通信技术把互联网和包括传统行业在内的各行各业结合起来，从而在新领域创造一种新生态。他希望这种生态战略能够被国家采

纳，成为国家战略。

2015年3月5日上午十二届全国人大三次会议上，李克强总理在政府工作报告中首次提出“互联网＋”行动计划。李克强在政府工作报告中提出，“制定‘互联网＋’行动计划，推动移动互联网、云计算、大数据、物联网等与现代制造业结合，促进电子商务、工业互联网和互联网金融健康发展，引导互联网企业拓展国际市场。”

（三）农村的教化价值：乡村发展的基石

一种安全城市相比，乡村给人一种稳定、千年平衡的印象。村落不仅协调着人与生态环境的关系，也制造着人与人的和谐，研究村落的教化功能，有利于我们认识维系村落的价值系统，保护和传承村落文化；从对村民行为的引导、规训的角度来讲，教化是既向人们正面灌输道理，又注意结合日常活动使人们在不知不觉中达事明理，其效果要比单纯的宣传说教深刻而有效。村落的教化对于促进人与自然的和谐、构建和谐社会具有积极的推动作用。中国的民俗文化从根本上具有农耕社会的性质，而村落是民间文化发生和变化的实际空间。农业生产经验、熟人社会的交往规则、节日民俗庆典的仪式象征作用、地方性知识的无可替代，民间传统手工艺的技艺和经验，都在村落这个空间下得以生存和发展。村落文化正是因为自身具有独特的功能或价值才能与城市文化彼此应和，丰富和发展着多样的文化，从不同的角度维系着社会的价值观念系统。作为承载村落传统文化的空间，村落的存在可以更好地维系村落价值系统，保护和传承优秀的传统村落文化，使之不至于在现代化的浪潮中消失殆尽。

1.乡规民约统一村民的行为

乡村民约是村落教化功能的重要途径。比如乡民的修身、立业、齐家、交友应遵循额的行为规范以及过往迎送、婚丧嫁娶等活动的礼仪俗规。它是建设美丽乡村的加速器。

2.农业劳动的教化价值

近些年，休闲农业、观光农业、体验农业的热潮，促使很多城市人带着老人和孩子到周边的乡或农场租地，种植蔬菜、水果，让老人和孩子体验农事劳动的乐趣，老人们锻炼了身体，孩子们学到了知识。劳动的过程是有趣和快乐的。可以增长知识；体验农事活动的不易，更加珍惜劳动果实；尊重自然规律，与自然和谐相处。

3.习俗与节日的教化功能

村落各户对村落所拥有的土地、山林、水域都有一定的监护权利和义务，对村内的公共设施，有维护修建的义务，如道路、桥梁、水晶、荷塘、护村林等。

村落习俗也通过多种方式来表达，比如我们通常所熟悉的结婚仪式。村落习俗教育的不仅仅是当事人，还有参与者。村落的节日，保留着村落的文化传统、习俗，也是中国几千年文化积淀逐渐形成。比如傣族的泼水节，一般在傣历六月中旬（即农历清明前后十天左右）举行，是西双版纳最隆重的传统节日之一。其内容包括民俗活动、艺术表演、经贸交流等类别，具体节日活动有泼水、赶摆、赛龙舟、浴佛、诵经、章哈演唱和孔雀舞、白象舞表演等。中国的傣族是一直有着悠久文化传统的少数民族队伍，人口近百万，大部傣族泼水节分居住在云南的南部，西双版纳傣族自治州、西部德宏傣族景颇族自治州以及耿马、孟连等自治县，其他则散居于云南各地。

模块六　新型职业农民的信息素养

【案例导引】

国外职业农民信息素养的建立

美国不仅是一个工业大国，还是一个农业大国。其农业人口虽不到全国总人口的2%，但却养活了近3亿美国人，还成为世界上粮食出口大国之一。美国的职业农民，都是根据市场行情和土壤检测来选择合适的作物进行耕种。他们大都有一个习惯，那就是一大早上网，阅读各种农业信息和期货价格。在美国，农场主土地面积大，农业机械化程度非常高，每家农场主都有很多如播种机、收割机、拖拉机和卡车等农业机械。农民播种的种子都是经过筛选的良种，产量高、质量好、抗虫性能好。农场一般有自动灌溉系统，一年可种庄稼3～4季。

法国作为西欧头号农业生产大国，甜菜产量居世界第一，葡萄酒产量居世界第二，牛奶产量居世界第三，肉类产量居世界第四。法国农民的教育由来已久，并早已进入制度化。政府规定：凡18岁以上的农民，每人需参加为期1年(可累计)的农业知识培训，每年大概有8万农民参加各类农业技术培训。对18岁以下的要求更为严格，须先培训3个月，再到农场实习3年，期满后经过考核，合格者颁发“绿色教育证书”。只有凭此证书，才能向政府申请低息或无息贷款，买地建房、购置机械，从事农业生产。

澳大利亚农业非常发达，人均农牧业用地面积25公顷，人均耕地面积2.4公顷，人均林地7.8公顷。澳大利亚非常重视农民的职业培训，主要有5种培训方式：①全日制长期课程，长达1～3年，学员以年轻人为主，绝大多数是农民的后代。②半工半读式长期课程，每周上课一次到数次，时间上相对灵活，但又相对固定。③短期课程。这类课程持续时间短，但每周的课时较多，农民多利用季节性休闲和假期学习课程。④函授教学。这种方法很多，叫法也不相同，如开放学院、远程教学、校外学习和家庭自学等等。⑤外出教学。专门为边远地区和人口稀少地方提供服务的一种方式，那些由于个人和家庭原因而不能外出就学的农民，可以享有这种服务。(来源：陕西日报)

[案例点评] 随着互联网等信息的发布，使农业信息大幅度被阅读和推广，为

农业生产经营者收集和利用各方面信息提供了有利条件，如何以小的投入获得更多的农业信息，是当前我国农民应该具备的信息素养。

一、信息素养的内涵和获取信息的渠道

（一）农民信息素养的内涵

国外对信息素养的研究开始较早，在20世纪70年代美国信息产业协会主席保罗·泽考斯基提出：信息素养就是利用大量的信息工具及主要信息源使问题得到解答的技术和技能。90年代以后，关于信息素养的定义更倾向于定位获取、分析、加工利用、共享交流、安全保护，并且开始关注信息素养教育理论与实践研究。2001年，美国教育技术CEO论坛第四年度报告中，将信息素养列为了21世纪重要能力素养之一。

农民信息素养是指在信息社会，农民能够根据个人的信息需求，利用大量的信息工具，对信息进行获取、评价和加工，并将有利信息运用到农村生产、生活中去的修养与能力。农民信息素养水平直接关系到新农村信息化建设的进程，关系到农业现代化和全面建设小康社会奋斗目标的实现。

（二）获取信息的渠道

在互联网时代，信息化发展日新月异，作为“有文化、懂技术、会经营”的高素质新型职业农民，更应当具备有“信息意识、信息道德和获取、处理信息的能力”。和20世纪相比，我们获得信息的渠道越来越多，例如可以通过电视、广播、杂志、网络、报纸、书籍等各种媒体，获得相关的农业信息。

【案例导引】

平湖“金丝娘水果专业合作社”告诉你水果还可以这样卖

每到金秋时节，葡萄等水果就陆陆续续地上市了，很多果农都忙着把成熟的水果摘下来拿到市场上去叫卖，不过，独山港镇金丝娘水果专业合作社的老板徐炳君却一点也不急，因为他果园里的葡萄大部分都已售出，而这和他独有的生产销售模式大有关系。

来到独山港镇金丝娘水果专业合作社，记者就看到一个个葡萄棚里挂着醒目

的示意牌，上面写着“已售出”的字样。合作社老板徐炳君告诉记者，这些葡萄早在种植前就有人预订了，他们完全是跟着订单的要求来种葡萄的。

据徐炳君介绍，一般客户要什么样的产品，他就照这样的产品去做，一般他们的产量都控制得很低，主要求得是品质，品质越好就能找到越优质的客户。以前合作社在销售水果时也是跑量的，这就忽视了水果的品质。而在之后的经营过程中，他慢慢发现，优质的水果带来的经济效益远远大于普通水果。于是，他专程去上海农科院，通过学习，他了解到其实优质的水果可以通过精确的计算，科学地培育出来。

徐炳君告诉记者：“一串葡萄18张叶子，18张叶子当中有多少养分，它可以养活一斤半的葡萄，但是它只带了6两葡萄那品质就更高了。”很快，徐炳君的水果吸引了不少客户，而他也开始突发奇想，开始摸索一种按照客户订单种水果的经营模式。

徐炳君说：“我有钻石客户、黄金客户和优质客户，我有500个好的客户。”如今，别人的葡萄是论斤买，而徐炳君的却是按串来卖，而他的销售业绩也是相当好。现在徐炳君的葡萄都是按串卖，有4串卖80元，也有卖100元的。

而最近这段时间，除了葡萄外，徐炳君果园里的蟠桃也要上市了，他表示将在最近几天通过中农网网上销售水果，并将三天义卖所得全部捐给市慈善总会，用于帮助那些贫困家庭，让他所卖的水果变得更有意义。

（来源：http://12316.agri.cn/78/articleview16.html）

[案例点评] 金丝娘水果专业合作社通过在销售过程中准确把握市场对优质水果需求的信息，并主动到上海农科院学习新技术，采用订单农业的方式实现了盈利。该合作社还注重网上信息发布，将自己的水果在12316等农业信息网上展示和销售，发掘了更多客户，因此才能“丰产又赚钱”。

1.电视

电视中有专门的农业频道，比如中央7套是专门的农业频道，其中的《农广天地》，介绍农业生产的新技术、新品种、生产经验以及市场信息等。电视的信息创博更生动，直观，也更利于农民理解和推广。

2.报纸

报刊也是农民了解农业生产的重要途径之一。报刊一般地域性强，针对性也强，但是传递信息时间比较长，时效性差。我国主要的农业信息类报刊有：

农业类：《农民日报》《中国农村经济》《中国乳业》《中国畜牧兽医》。

农学农作物类：《中国农业气象》《作物学报》《中国种业》。

粮油食品:《农产品加工》《绿色食品》《食品科学》《中国食品与营养》。

蔬菜类:《中国蔬菜》《蔬菜》。

水产类:《中国水产文摘》《中国水产科学》《中国观赏鱼》。

农机类:《中国农业文摘——农业工程》《包装与食品机械》。

3. 书籍

书籍作为农业信息获得的途径之一,具有专业性强,讲解系统,信息更利规范化等特点。目前很多农业类出版单位出版的口袋系列,容易携带,知识面广,信息指导性强。另外通过书籍,使农业经营者在掌握信息的同时,更能指导甄别真伪,以及农业相关政策、法规等。

4. 网络

网络信息的发布是未来农民获得信息的主要途径。网络信息量大,选择性强,具有强大的查询功能。同时目前很多农业企业、农业信息网站的建立为网络传播提供的信息平台。网络在很大程度上改变了农民获得信息的途径,更便捷,更实用。当然,在网络发达的今天,农民也更应该通过自身素质的提高,提高信息素养,对假信息予以排查,遴选,更好地选择适合自己的农业信息,避免需要信息的传播。

5. 博览会、展览会

为了更好地宣传新技术、新成果,很多具有高科技的农业信息产业会组织博览会、展览会等,农民应该更多地到实地考察学习,参观交流,在这些展会上相当一部分都是当前最热门,最前沿的农业信息。

二、投资需谨慎,信息有风险

作为信息到处传播的时代,收集农业信息不难,难的是如何甄别信息,如何利用信息,如何选择信息。因此,做到谨慎投资,做好充分的投资预算和市场调研。

(一)有明确的目标

在五花八门的信息面前,农业经营管理者始终要把握的一点是,农业生产的目的是获得盈利,获得良好的经济效益,为此,在保证质量的同时,降低生产成本,提高生产收益,这就需要引用先进的技术提高劳动生产效率。而农业信息就是服务于此。

(二)收集有用的信息

1.有效性

该信息用于农业生产中是否效果,是否能提高农业生产率,降低劳动成本。解决农业中遇到的真实问题。

2.可靠性

收集信息的同时,一定注意信息的可靠性,信息发布单位,比如农业部发布的信息,一些专业期刊发布的信息等。

3.及时性

实时有效是当前信息获得的基本原则。

4.准确性

信息的准确程度直接影响农业生产的效益,农民一定具备自己思考能力、预算能力。

5.全面性

很多新产品的推广,大多是报喜不报忧,更多的宣传产品的优点,这时候应该擦亮眼睛,用自己的经验来鉴别信息的可信度,认识新产品、新技术的缺点,掌握全面的信息。

三、发布信息的渠道及应注意的问题

(一)发布信息的渠道

1.口头传递

人员推销是口头传递的一种形式,销售人员带着一部分宣传资料,口头介绍自己的产品,包括产品的质量、价格、特点、生产单位、售后服务等。发布口头信息清晰易懂,但切记要信守承诺。

2.发布广告

最简单的形式,利用乡村等墙体宣传新产品、联系人。或者利用网络发布厂家信息、产品特点、联系电话等。

3.展览、展销

在相关的展览、展销会上进行农产品信息的发布,往往能收到很好的效果。特备是专业性强的展览会，参会人员就是带着目的去参观考察的，因此，详细的产品介绍，试用，对于新技术、新成果的推广具有非常重要的作用。

4. 互联网

网上发布、图文并茂，生动直观，还可以随时更换，而且传播范围广。

（二）发布信息应注意的问题

1. 不可发布生产经营的机密

在发布信息的同时，一定注意不要讲企业的内部信息透露出去。发布与农业信息相关的，不要发布无关内容。

2. 发布信息的权限

生产企业的法人具有权限，企业的职员在没有授权的情况下，无权发布。

3. 把握机会

发布农产品相关信息，要与当地农产品的展销活动同时进行，这样更全面地接触采购商。

4. 突出重点

发布信息是吸引人的眼球，要简要明了，让采购人员在短时间感兴趣，这就需要再信息发布上仔细研究。

5. 信息发布的投资

发布信息需要投入，要算好投资比例，对于农产品的发布通常是几种信息平台共同利用，对于不能马上取得效益的信息发布更要做好预算。

四、防范诈骗，维护自身权益

近日，公安、电信等六部门联合发布《关于防范和打击电信网络诈骗犯罪的通告》，对防范打击诈骗作出了新的部署。农民对防诈骗知识了解甚少，加之自我保护意识差，容易成为诈骗对象。防诈骗，不可忽视农村。

【案例导引】

农村金融诈骗化花样百出

随着网络科技的传播和投资理财机构的不断“进攻”，越来越多的农村居民开始关注并参与投资理财了。参与理财的农民越来越多了，但是金融诈骗也越来越多了，并且手段也是花样百出。以熟人借贷、伪装成 p2p 网贷的诈骗的居多。例如某位农村妇女轻信了某家名为“惠卡世纪”的一家“伪 p2p”网贷平台的机构，结果 20 多万就被骗子卷走了。这家“伪 p2p”机构散播“农村宝”、“脱贫宝”等假标，大肆敛财，其手段恶劣，套路类似于 e 租宝。还有这样一个例子，某位好赌的农民大叔，想通过民间借贷来赌博盈利。后被某家民间借贷中介误导，借贷了 3 万元，仅凭一纸借条就成交了。后来利息竟然翻了好几倍，大叔因无力偿还而被多次催账，对家庭的生活造成了严重影响。

农村的金融诈骗手段无所不用其极，都抓住了农村居民的心理特征进行诱骗，以高收益来误导农村居民是最常见的手段，最恶劣的是居然以国家扶贫政策为幌子来肆意敛财。

[**案例点评**] 农村居民理财意识的薄弱，直接导致了大部分农村居民没有防骗意识，对金融诈骗完全招架不住。有的农村居民盲目追求高收益而将大部分积蓄投入，结果却被骗的血本无归。大部分农村居民 认为自己不会被骗，防骗意识低下，结果却遭遇了金融诈骗。

(一)提高警惕，慧眼识别各种诈骗手段

1. 农村医疗保险

“该类案件主要有两种诈骗方式。”民警介绍，第一，此类案件犯罪嫌疑人多采取伪造病例的方法，利用大医院为招牌，忽悠村民，以开假证明可到当地村镇医疗机构报销为幌子，进行诈骗。

例如通过手机短信告诉你，只要提供身份证，新农合医保卡信息便可以伪造住院材料。拿着材料可到新农合办报账，随后收取受骗人手续费。

民警介绍，第二犯罪嫌疑人常采取直接冒用当地农业户口群众的新农合医保卡和身份证，伪造外省医疗机构住院收费收据、疾病诊断证明，在当地农村合作医疗管理办公室骗取保险费。

2. 以算命、“消灾”为幌子实施诈骗

“犯罪分子往往选择偏僻落后的乡村，打着算命、‘消灾’的幌子骗取老年人和妇女钱财。”警方介绍，今年 10 月 15 日，在江北区复盛五宝镇就发生了一起五人冒充尼姑和尚以消灾、送子为幌子，诈骗了王术英老人 200 多元钱的案例。最终犯罪嫌疑人在该镇第二次实施作案时被警方抓获。

3. 以帮人“办事”为名实施诈骗

“该类诈骗主要是诈骗者冒充政府部门人员或者谎称与某领导熟识，假借可以帮忙办事需要活动经费，从中骗取钱财。”警方介绍，如发生在2012年2月的一起诈骗案，犯罪嫌疑人梁某碰到被害人曾某，在得知曾某为超生二胎上户口发愁时，梁某谎称与政府工作人员关系好，以活动需要“打点”为由，骗取被害人曾某1.5万元。

4. 冒充银行工作人员要求转账为由实施诈骗

“这类诈骗主要是犯罪分子利用农民思想相对单纯，社会经验少的特点，编造谎言诱使他们将自己银行卡里的资金转往指定账户，从中诈骗农民血汗钱。”警方介绍，例如2011年9月发生的一起诈骗案，犯罪嫌疑人李某发短信给村民王某，谎称有人冒用王某的身份证办理了透支卡，并提供虚假银行电话号码。再由朱某冒充农行工作人员接听电话，让王某将自己另外一个中国农行银行账户的剩余资金转到李某等人事先准备的“安全账户”，诈骗王某3.4万元。

5. 冒充被害人亲属急需用钱为由实施诈骗

“一些犯罪分子谎称被害人亲属因病或意外情况急需费用为由，对农村空巢老人进行诈骗。”警方现场列举了一起案例：

“喂？是沈忠义爸爸吗？”

“我是啊。”

“我是和沈红一块打工的朋友赵晓明，沈红出车祸了。”

“咋回事儿？”

“现在来不及给你细讲，沈红需要动手术，你赶紧汇两万块钱过来。不然人家医院不给手术，有生命危险。你快点！”

最终，受害人因为担心孩子安全，被犯罪分子蒙蔽了思想，将钱汇入了犯罪分子的银行卡。

6. 以“免费体检”为名引诱老人购买保健品

“老人接到提供免费上门体检的电话。在体检过程中，有医生打扮的人说老人患有多种疾病。出于治病需要，要求老人买特质保健品。”民警表示，受害人吃过保健品，身体仍然不会好转，提醒市民看病应到当地正规医疗机构。

（二）危机四伏：防范电讯诈骗

“道高一尺，魔高一丈。”虽然老百姓防范电讯诈骗的意识不断增强，对冒充快递、中奖等的低段位骗术早已建立起成熟的免疫机制，但可恶的诈骗分子却不断玩出新花样,一通电话、一条短信就骗走上万元的新闻仍然不时触目惊心地出现在我们眼前。接下来,我们将盘点一下近年出现的10种最新电信诈骗招数,以及防电讯诈骗十条独门秘籍。

1.冒充国家新政策

例如,诈骗短信声称自己是银行官方客服短信,说根据国家新出台的政策,必须进行实名补录。如果手机用户登录短信中的诈骗链接,并按照要求进行所谓的"实名补录",那么将会被自动扣款,多则上万元。

2.短信中暗藏木马链接

诈骗分子的诉求很简单,用尽一切手段诱使手机用户点击诈骗短信中的链接,尽管未必能够直接诈骗获得钱财,但通过将木马病毒植入用户手机,可以盗取大量隐私信息和密码。目前常见的手段有:冒充相册链接的、冒充孩子班主任的、冒充航空公司通知航班取消的、冒充交管局发车辆违章通知的、冒充代办信用卡,甚至还有冒充小三的!

3.冒充10086等运营商客服电话

诈骗分子冒充电信运营商短信通知积分兑换,并通过"伪基站"伪装成10086等号码群发诈骗短信,诱惑用户下载安装一个带有木马病毒的App,再通过这个安装在用户手机上的假移动掌上客户端,盗刷用户银行卡。

4."机票改签/航班取消"、"网上购物退款"诈骗

这两大类电信诈骗案的最大特点在于,诈骗分子往往已经掌握到用户的网购订单或机票行程等信息,这就使得诈骗内容很容易博取人们的信任,相信其真的来自于航空公司客服。如果用户根据犯罪分子提示操作"改签机票",即会中招。

5."连环计"转出卡内存款

骗子掌握用户个人信息甚至银行卡卡号和密码之后,登录网上银行,但诈骗分子无法将钱转出,于是就购买了如"贵金属"等理财产品,并发送短信称,储蓄账户上有若干金额被转移到了理财账户上。用户一旦通过银行官方查询到短信内容属实后,很容易上当受骗,向骗子透露出自己的手机验证码等重要信息。

6.冒充熟人电话号码

诈骗分子虚拟出用户手机电话簿中的号码来电,并称自己是该联系人的爱人等,"手上没有现金了,希望给他汇一点现金。"此类诈骗由于金额不大,且看似来自熟人,也很容易诱人上当。

7.冒充银行客服骗取卡号信息

诈骗分子模拟"9××××"银行官方客服来电，称帮助用户提高信用卡消费额度。如果用户上当，则会被通过电话骗走信用卡卡号、有效期、卡片背面三位数卡片安全码等信息，犯罪分子不用转走现金，只要完成一笔信用消费就可骗走钱财。

8.扫描二维码方式植入木马诈骗

"扫描二维码，领取购物红包"，诈骗分子通过诱使手机用户扫描二维码链接一个含有木马病毒的网站，使其自动下载木马病毒，同时通过木马截取手机短信，更改支付宝密码，窃取支付宝内的余额。

9.钓鱼网站骗取直接汇款

骗子通过钓鱼网站，直接诱骗用户登录后进行交易或消费。主要作案类型有网络交友、网友游戏、炒股、贷款等，如果用户辨识能力不足，很可能直接上当。

10.招工电话类诈骗

骗子利用农民工、学生经验少、急于赚钱补贴生活或急于就业的心理，以招收校园代理或招工，冒充人力资源公司或用人公司给在校生打电话，提供勤工俭学或就业机会，随后采取先付款后发货或者收取就业押金、办理健康证、培训费等方式实施诈骗。

【拓展知识】

防电信诈骗十条独门秘籍

1.手机短信内的链接都别点

虽然手机短信中也有银行等机构发来的安全链接，但不少用户难以通过对方短信号码、短信内容、链接形式等辨别真伪，所以建议用户尽量不要点击短信中自带的任何链接。特别是Android手机用户，更要防止中木马病毒。

2.凡是索要"短信验证码"的全是骗子

银行、支付宝等发来的"短信验证码"是极其隐秘的隐私信息，且通常几分钟之后即自动过期，所以不得向任何人和机构透露该信息。

3.凡是无显示号码来电的全是骗子

目前，除极少数军政方面人士还拥有"无显示号码"电话之外，任何政府、企业、银行、运营商等机构均没有"无显示号码"的电话，所以今后再见到"无显示号码"来电，直接挂断就好。

4. 闭口不谈卡号和密码

无论电话、短信、QQ聊天、微信对话中都绝不提及银行卡号、密码、身份证号码、医保卡号码等信息，以免被诈骗分子利用。

5. 不信“接的”，相信“打的”

为了防止遇上诈骗分子模拟银行等客服号码行骗，遇上不明来电可选择挂断后，再主动拨打相关电话（切勿使用回拨功能），这样可以保证号码的准确性。

6. 钱财只进不出，“做貔貅”

任何要求自己打款、汇钱的行为都得长心眼，警方建议如需打款可至线下银行柜台办理，如心中有疑惑，可向银行柜台工作人员咨询。

7. 陌生证据莫轻信

由于个人隐私泄露泛滥，诈骗分子常常会掌握有用户的一些个人信息，并以此作为证据，骗取用户信任，此时切记要多长个心眼——绝不轻易相信陌生人，就算朋友家人，如果仅仅是在网上，也不可轻信。

8. 钓鱼网站要提防

切不可轻易信任那些看上去与官方网站长得一模一样的钓鱼网站，中病毒不说，还可能被直接骗走钱财，所以在登录银行等重要网站时，养成核实网站域名、网址的习惯。

9. 新鲜事要注意

诈骗分子常常利用最新的时事热点设计骗局内容，如房产退税、热播电视节目等都常常被骗子利用。如果不明电话中提及一些你从未接触过的新鲜事，也切莫轻易当真。

10. 一旦难分假和真，拨打110最放心

如果真有拿不准的事，拨打110无疑是最可靠的咨询手段，虽然麻烦了警察，但必要时候仍可以采取这种手段。

模块七　美丽乡村，和谐人居

在四化同步的历史进程中，“美丽乡村”作为涵蕴历史文化、时代特征、自然景观的时空形态，彰显着乡村生态单元的审美品位和现实功能价值，越来越受到社会的重视与欢迎。改善农村人居环境，建设美丽乡村，“留住青山绿水，记得住乡愁”，成为我国亿万农民的新期待。

党中央非常重视改善农村人居环境、建设美丽乡村工作。习近平总书记曾经专门做出重要批示，强调要认真总结浙江省开展“千村示范万村整治”工程经验并加以推广。浙江省“千村示范万村整治”工程经验其中很重要的一条，就是弘扬传统文化、保护传统村落。李克强总理对随后召开的全国改善农村人居环境工作会议作出批示，强调各地区、有关部门要从实际出发，统筹规划，因地制宜，量力而行，坚持农民主体地位，尊重农民意愿，突出农村特色，弘扬传统文化，有序推进农村人居环境综合整治，加快美丽乡村创建。

一、留得住青山绿水

早在改革开放之初，邓小平同志指出：“我国农业现代化，不能照抄西方国家或苏联一类国家的办法，要走出一条在社会主义制度下合乎中国情况的道路。”这实际上提出了走中国特色农业现代化道路问题。

中国是一个人口大国，解决现有的14亿左右人口的吃饭问题是党治国理政的头等大事。增强粮食安全保障能力是国家一直强调的内容。最近14年来，我国粮食生产实现了14连增，农业发展取得了巨大成就。但是粮食稳定增产背后，同样付出了巨大成本：我国现阶段农业发展还处在“高投入、高消耗、高污染、低效益”阶段，伴生有资源浪费、生态环境恶化、食品安全风险等一系列问题。

中国农业发展的路怎么走？参照世界农业发展趋势和中国现实国情，我国农业必须走高产、高效、优质、安全的现代生态化之路。

【案例导引】

生态保护型模式:浙江省安吉县山川乡高家堂村

高家堂村位于全国首个环境优美乡山川乡境内,全村区域面积 7 千米^{2},其中山林面积 9 729 亩,水田面积 386 亩,是一个竹林资源丰富、自然环境保护良好的浙北山区村。高家堂是安吉生态建设的一个缩影,以生态建设为载体,进一步提升了环境品位。

高家堂村将自然生态与美丽乡村完美结合,围绕“生态立村——生态经济村”这一核心,在保护生态环境的基础上,充分利用环境优势,把生态环境优势转变为经济优势。现如今,高家堂村生态经济快速发展,以生态农业、生态旅游为特色的生态经济呈现良好的发展势头。全村已形成竹产业生态、生态型观光型高效竹林基地、竹林鸡养殖规模,富有浓厚乡村气息的农家生态旅游等生态经济对财政的贡献率达到 50%以上,成为经济增长支柱。高家堂村把发展重点放在做好改造和提升笋竹产业,形成特色鲜明、功能突出的高效生态农业产业布局,让农民真正得到实惠。从 1998 年开始,对 3 000 余亩的山林实施封山育林,禁止砍伐。并于 2003 年投资 130 万元修建了环境水库——仙龙湖,对生态公益林水源涵养起到了很大的作用,还配套建设了休闲健身公园、观景亭、生态文化长廊等。新建林道 5.2 千米,极大方便了农民生产、生活。同时,着重搞好竹产品开发,如将竹材经脱氧,防腐处理后应用到住宅的建筑和装修中,开发竹围廊、竹地板、竹层面、竹灯罩、竹栏栅等产品,取得了一定的效益。并积极为农户提供信息、技术、流通方面的服务。同时积极鼓励农户进行竹林培育、生态养殖、开办农家乐,并将这三块内容有机地结合起来,特别是农家乐乡村旅店,接待来自沪、杭、苏等大中城市的观光旅游者,并让游客自己上山挖笋、捕鸡,使得旅客亲身感受到看生态、住农家、品山珍、干农活的一系列乐趣,亲近自然环境,体验农家生活,又不失休闲、度假的本色,此项活动深受旅客的喜爱,得到一致好评,而农户本身也得到了实惠,增加了收入。

[案例点评] 高家堂村处于在生态优美、环境污染少的地区,其特点是自然条件优越,水资源和森林资源丰富,具有传统的田园风光和乡村特色,生态环境优势明显,把生态环境优势变为经济优势的潜力大,适宜发展生态旅游。

(一)生态农业与可持续发展

1. 什么是生态农业

生态农业最早于 1924 年从欧洲兴起,起初只是由个别生产者针对局部市场需求，自发地生产某种产品；到了30—40年代，生态农业在瑞士、英国等地得到发展；60年代，欧洲许多农场转向生态耕作；70年代后，各种以保护农业生态环境为主旨的替代农业思潮开始出现。法国、德国、荷兰、英国等西欧发达国家积极开展有机农业运动，并于1972年在法国成立了国际有机农业运动联盟。与此同时，日本也提出生态农业发展计划，把重点放在减少农田盐碱化和农业面源污染上。1992年，联合国环境与发展大会发布《里约宣言》和《21世纪议程》，确立了可持续农业的重要地位。

历史地理解，生态农业就是运用生态学、生态经济学原理和系统科学的方法，把现代科学技术成就与传统农业技术的精华有机结合，把农业生产、农村经济发展和生态环境治理与保护、资源的培育与高效利用融为一体的具有生态合理性、功能良性循环的新型综合农业体系。生态农业包括绿色农业和有机农业。所谓绿色农业，是指按照规定有限度地使用化肥、农药、植物保护剂等化学合成物的农业生产方式，产出的是有助于公众健康的无污染产品。有机农业则不使用任何化肥、农药、饲料添加剂等化学合成物，也不采用转基因工程获得的生物及其产物。前者是要求有所放宽的生态农业，而后者是要求更为严格的生态农业。

与常规农业相比，生态农业具有比较鲜明的特点。有研究总结为五个方面：一是综合性，按照"整体、协调、循环、再生"原则，全面规划、顶层设计、优化结构，促进各产业间协调发展，实现强农兴粮富民和环境优化；二是多样性，以多种生态模式、生态工程和技术装备农业生产经营，充分发挥不同地区的多种优势，促进多样化发展；三是高效性，通过科技创新提高质量效益；四是安全性，提高农产品质量，向消费者提供放心、安全的食品；五是持续性，把农业生产经营和环境建设、经济发展紧密结合起来，实行资源循环利用和废弃物资源化后再利用，有效减少污染，维护生态平衡。

2. 生态农业在中国

我国生态农业建设的探索开始于20世纪80年代初期，发展至今经历了一段"探索——县域试点及扩大——达成共识"的过程。1993年51个生态农业试点示范县的创建，可以说是生态农业落地中国的重要事件，"九五"期间扩大到100多个，初步形成了生态农业技术体系，取得了一些社会、经济和生态效益。以首批51个县为例，据有关材料统计，51个县中实行生态农业建设的，1994—1997年平均年增长分别为8.4%、7.2%和6.8%，比全国同期平均程度分别高2.2%、0.6%和1.5%。其次是明显改良了生态环境，试点期间水土流失治理率达73.4%，土地荒野化治理率达60.5%，森林笼罩率大幅度进步。其三是拓宽了农林牧渔各业的生产领域，缓解了新的就业压力。

但从整体上说，生态农业的发展增速不快。由于政策理论研究、生产经营和管理体系方面都存在不足，目前我国的生态农业还徘徊在小规模、低转换、微效益的传统生态农业阶段。我国的生态农业基本上都是原有家庭承包基础上的一家一户经营，很难达到规模经济，必然制约着生态农业建设的规范化发展，同时也导致了抵御来自较大的经济环境和生态环境冲击的能力较低。同时，小的生产经营主体一般生态意识差，对生态农业的发展认识不足，农民往往追求经济利益和眼前利益，对规范化生态农业难以接受，导致生态农业的技术不易推广和广泛应用。

需要强调的是，我们对于"生态农业"的选择，既是顺应世界农业发展的基本趋势，同时更着眼于我国的现实国情。

受到资源环境的制约，我们已经不可能重复发达国家高消耗的农业工业化道路，中国农业只能够走自己的路。1999年时任国务院总理温家宝就这样写道："我赞成这样的观点，21世纪是实现我国农业现代化的关键历史阶段，现代化的农业应当是高效的生态农业。"2015年3月18日，国务院总理李克强主持召开国务院常务会议，审议通过《全国农业可持续发展规划》。《全国农业可持续发展规划》中确定：一是优化农业生产布局，严格保护耕地，稳定粮食播种面积，采取深耕深松等方式提升耕地质量，到2020年建成集中连片旱涝保收的8亿亩高标准农田。二是向体制改革要潜力，在稳定家庭经营的基础上，推进多种形式的适度规模经营，提高劳动生产率和产出水平。三是实施水土资源保护、农业农村环境治理等重大工程，促进节约高效用水，防治农田和养殖污染，加强森林、草原、湿地、河湖等保护，发展生态循环农业。

由于政策理论研究、生产经营和管理体系方面都存在不足，目前我国的生态农业还徘徊在小规模、低转换、微效益的传统生态农业阶段。我国的生态农业基本上都是原有家庭承包基础上的一家一户经营，不仅规模小，而且主要停留在生产阶段，农业产业链的其他环节都十分不健全，因此很难达到规模经济，必然制约着生态农业建设的规范化发展，同时也导致了抵御来自较大的经济环境和生态环境冲击的能力较低。另外，小的生产经营主体一般生态意识差，对生态农业的发展认识不足，农民往往追求经济利益和眼前利益，对规范化生态农业难以接受，导致生态农业的技术不易推广和广泛应用。

截至《全国农业可持续发展规划》出台时，生态农业的发展状况是：建设面积达0.1亿公顷，占全国耕地面积的12%左右；生态农业涵盖了生态农业户、生态农业村、生态农业乡、生态农业县乃至生态农业省等；实施生态农业建设示范项目的县、乡、村数量已达4 000多个，遍布全国30个省、自治区、直辖市。

(二)我国生态农业发展基本模式

根据我国农业发展特色、社会经济发展水平及资源状况，可以将我国现有的生态农业模式分为如下4种：

①物质多层利用模式。在该模式中，一个环节的产出是另一个环节的投入，废弃物在生产过程中得到多次利用，实现物质良性循环和能量多级利用，可以细分为沼气利用模式、病虫草防治模式、产业链延长增殖模式。

②生物互利共生模式。该模式通过在一个生物群落内安置生态位互补的生物，分层利用空间，充分利用太阳能、水分、养分、积温等资源，提高资源的利用率和土地生产力，实现高产、优质、高效、低耗的目的，可以细分为：山地丘陵模式、农田平原模式、水体立体模式、草原立体模式。

③资源开发利用与环境治理模式。该模式把农业生产活动纳入生态循环链内，参与生态系统的生物共生和物质循环，保护和改善农业生态环境与生产条件，实现生态、经济和社会效益协调发展。

④观光旅游模式。该模式在当地自然景色的基础上，以农业高新技术产业化开发为中心，以农产品加工为突破口，以农业旅游观光服务为手段，将生态农业建设和旅游观光结合为一体，可以分为观光农园模式、农业公园模式、教育农园模式。

从目前我国农业生态资源与环境承载力来看，保障农产品供给和改善农业生态环境，是必须兼顾的两个目标。只有转变农业发展方式，探索现代生态农业发展道路，改善农业和农村生态环境，促进农业可持续发展，才能实现农业持续健康发展。要正确认识到，现代生态农业旨在发展社会主义市场经济和农业现代化过程中，调整结构，优化产业和产品构成；增加收入，提高农业综合生产能力；依靠科技，合理利用与有效保护自然资源；防止污染，切实保持农业生态平衡；增加收入，走向共同富裕；逐步建设成为一个具有中国特色的资源节约型、经营集约化、生产商品化的现代农业模式。具体地说，就是要发展生态农业要实现和满足“六个必须”：一是发展生态农业必须满足保障国家粮食安全的根本需要，必须适应“四化同步”新阶段的发展要求，必须树立“资源环境有价”的理念，必须适应人多地少、资源刚性约束的基本国情，必须适应我国农村基本经营制度，必须适应我国不同区域农业发展的需要。

发展高产、优质、高效、生态、安全的现代农业，必须按照资源节约型、环境友好型社会的要求，转变发展方式，推广节约型农业生产技术，加强农业资源保护与利用，走中国特色的生态农业发展道路。

一是扩大生态农业建设规模和范围。从村(场)、县、市等不同层面上推进生态农业建设,实现“四个结合”,即与农业结构调整相结合,推进优势农产品区域布局,为保障主要农产品有效供给提供支撑;与农产品质量安全相结合,发展无公害农产品、绿色食品和有机食品;与农业多功能性相结合,实现生态农业的经济功能、生态功能、文化功能;与现代农业发展相结合,用现代科技、现代装备和现代管理武装生态农业。

二是推进生态农业产业化发展。引导和扶持一批生态农业龙头企业,采取“公司+农户”“龙头企业+基地建设”和“订单农业”等多种经营方式,发展无公害农产品、绿色食品和有机食品,推进生态农业产业化发展,把资源优势转化为产业优势和经济优势。依托农村专业合作组织,提高农民组织化程度,引导我国生态农业向集约化生产和农村适度规模经营过渡,延伸和拓展产业链条。

三是强化生态农业技术支撑。加强生态农业关键技术、典型工程模式的攻关研究,抓紧制定生态农业建设技术标准和规范,推进生态农业建设的工程化、标准化、项目化,逐步建立和完善生态农业技术与标准体系。采取健全机构、转变机制、完善体系、优化队伍、增加投入等多种途径,加大生态农业技术的推广应用力度。

四是完善生态农业扶持政策。制定和完善扶持生态农业建设的政策法规,逐步完善农业生态环境保护补偿机制。建立多渠道、多层次的生态农业建设投资机制,逐步形成政府投资为导向,企业投入为主体,信贷投入为补充的生态农业投入新机制。

二、农药、化肥污染的防治

我国农业在农药、化肥施用上远远高出平均水平。过度使用、同时利用效率不高,造成化肥、农药向环境释放,直接影响到水体、土壤、大气,进而影响到人类健康、生态安全。根据《第一次全国污染源普查公报》,农业生产中主要污染物流失(排放)情况如下:种植业总氮流失量159.78万吨(其中地表径流流失量32.01万吨,地下淋溶流失量20.74万吨,基础流失量107.03万吨),总磷流失量10.87万吨。重点流域种植业主要水污染物流失量:总氮71.04万吨,总磷3.69万吨。

当前和今后一段时间,发展农业生产和治理农药、化肥污染将成为“三农”工作中同步进行的两件大事。

【案例导引】

海南“毒豇豆”事件

2010 年 1 月 25 日至 2 月 5 日，武汉市农业局在抽检中发现来自海南省英洲镇和崖城镇的 5 个豇豆样品水胺硫磷农药残留超标，消息一出，全国震惊。全国各地加大了对海南豇豆的检测力度，又有多个地市发现海南豇豆残留高毒禁用农药。海南各级农业主管部门为此展开专项调查，尚未发现违规销售高毒农药案例，但事实上，水胺硫磷、甲胺磷等高毒农药在海南仍有销售。乐东县是海南豇豆主产区，种植面积共有 7 万亩左右。据调查，在乐东县冲坡镇抱旺村的豆角产地，在一段不到 100 米的田头，高浓度甲胺磷药品空瓶丢弃在路边。虽然早在 2004 年，海南省就已经明确立法禁止高毒农药在省内销售和使用，但因为高毒农药成本低，利润高，通过熟人仍然可以在当地农药店买得到。

三亚市崖城镇是海南另外一个豇豆主产区，也是豇豆事件曝光的主产地。崖城镇有大大小小的农药店近 200 家，高毒农药不但可以在很多药店买得到，而且还明码标价。在崖城地区，甲胺磷等高毒农药还在广泛使用。豇豆事件让海南当地的农民、代购商和外省货商蒙受了不小的损失。海南豇豆滞销，价格下滑跌破 1 元，当地农民遭受巨大损失。

[案例点评] 处于这样一个食品安全事件多发的时代，任何有关食品质量的风吹草动，都可能引起一场惊涛骇浪。越是在这种情形下，越需要有更加积极与负责任的监管联动与市场反应机制。这不仅是对消费者身心健康的呵护，对食品安全链条的维系，也必然兑现为对政府及行政部门公信力的维护。

(一)细说农药化肥污染和防治

人们常常把农药化肥污染并举，说明他们对健康或生态的影响。但稍微细致分析，它们所造成的污染的途径、结果并不完全一样，防治的策略、方法也有所差别。

农药在田间使用后，除少部分附着在作物体表外，大多逸散在大气中或降落在农田地表，大气和土壤中的农药，随着降雨水的冲淋，又会进入邻近的水体。附着在作物体表的农药及进入土壤中的农药，又可被作物吸收而进入作物体内及农产品中。农药使用不当，如用量过大、次数过多，尤其是临近作物收获时使用农药，容易造成污染危害。一些地区发生的蔬菜、水果等农产品含过量的性质不太稳定的有机磷等农药残留，就是由于临近作物收获时使用这些农药所致。农药污染的主要危害是污染农产品，使农产品中不同程度地含有农药残留，进而影响农产品的食用。导致农药污染有多条途径，农药厂任意排泄废物，以及农药在贮存、运输、销售等过程中，都有可能发生农药污染。

化肥造成的污则主要有三种情况：一是化肥中含有过量的有害物质造成的污染。由于生产化肥所用的原料含较多杂质，尤其是以工业副产品原料所生产的化肥，往往含有重金属、无机酸和有害的有机化合物，从而造成对环境的污染。这些有害物质随着化肥的施用进入农田后，有的会直接危害作物生长，甚至造成死亡，有的可被作物吸收而污染农产品，进而危及人体健康。二是过量施用化肥造成的污染。过量施用化肥，不但降低化肥的增产效益，提高农业生产成本，而且往往会破坏土壤的理化性质，影响作物根系对水分的吸收，诱发土壤中某些必需元素转化为难溶性化合物而导致作物缺素症，污染农产品等。如过量施用氮肥，可使蔬菜中积累大量硝酸盐，硝酸盐在蔬菜贮存过程中又可还原为对人畜健康危害相当大的亚硝酸盐。三是肥料散失造成的污染。主要表现在由于雨水下渗或流散，以及施肥农田管理不善等原因，使施入田间的化肥污染地表水体及地下水源，造成地表水体的富营养化污染。富营养化污染的水体，藻类大量繁殖，水质溶解氧减少，致使鱼类窒息死亡。造成水体富营养化污染的，主要是氮素和磷素肥。

(二)我国农药化肥施用现状和基本国策

农药化肥使用会造成污染，能不能最大限度减量或者不施用？在我国当前的国情下，也不乏有完全不施用化学品完全的农业生产实践，但从较大氛围来看，仍然需要充分发挥药肥效力。

2015 年 12 月，农业部公布了当年三大粮食作物的化肥农药利用率：水稻、小麦、玉米的化肥利用率为 35.2%，农药利用率为 36.6%，分别比 2013 年提高 2.2%和 1.6%。这是我国第一次公布农业药、肥的利用效率数据。随后不久，国家统计局公布了当年全国粮食生产数据：全国粮食总产量达 62 143.5 万吨，比 2014 年粮食增产 1 440.8 万吨，增长 2.4%，中国粮食产量实现了连续十二年增长。

化肥、农药减量增效取得明显成效，是和党和国家基本政策导向密切相关。中央 1 号文件提出加快转变农业发展方式，对“加强农业生态治理”提出了要求，政府工作报告也提出了加强农业面源污染治理的任务。随后，农业部制定颁布了《到 2020 年化肥使用量零增长行动方案》和《到 2020 年农药使用量零增长行动方案》，对化肥农药“两减”提出了目标：2015—2019 年，逐步将化肥使用量年增长率控制在 1%以内；力争到 2020 年，主要农作物化肥使用量实现零增长；同时，到 2020 年，力争实现农药使用总量零增长。

也在这一年，水稻、玉米、小麦、大豆、油菜、马铃薯、棉花、奶牛、羊 9 个绿色增产增效技术集成模式研究同时推进。所谓绿色增产，就是把绿色理念贯穿于增产模式攻关的全过程。在技术路径上，推广高产、高效、多抗的新品种，推进规模化、标准化、机械化，大力推广控肥、控药、控水等节本增效的技术。相关研究以“稳粮增收调结构、提质增效转方式”为主线，以“研究与示范并举、增产与增效统一、绿色与集成结合”为目标，在安徽、浙江、山东、河南等不同地区展开试验示范推广，探索不同主产区、不同生态区、不同经济发展水平地区农业生产瓶颈问题的优化解决方案。

(三)在防污治污背景下的农业生产发展

现代农业的发展，是政府主导、市场调节、生产主体(新型职业农民)实施的农业发展形态。具体在农药化肥科学施用方面，需要多方发力。

从政府层面说，要在技术、产品(品种)、服务、机制方面提供切实保障。要加大力度、强化措施，加快转变施肥用药方式，因地制宜推广化肥机械深施、机械追肥、种肥同播、水肥一体等技术，根据不同作物和病虫推广应用农业防治、生物防治、物理防治等绿色防控技术，推进统防统治与绿色防控融合。加快推广新型高效肥料和农药，重点研发高效缓释肥料、高效低毒低残留农药、生物肥料农药等新型产品；积极推广先进施肥施药机械，加快替代落后机械。加快发展社会化服务组织，提高装备条件和服务能力。积极探索政府购买公益性服务的有效途径，鼓励社会化服务组织参与化肥、农药使用量零增长行动，在更大范围内提供科学施肥施药服务。

对生产主体来说，防治化肥农药污染，既包括选择良品，也包括施行良法。首先，选用高效、低毒、低残留的新农药，淘汰污染严重的高残留农药；就用肥来说，就是选择经过严格控制有害物质含量的肥料品种。其次，按照“预防为主，综合防治”的植保理念，探索农作物病虫草害的综合防治措施，尽量控制或减少化学农药用量；合理施用化肥，配方施肥提高化肥利用率，防止或减少化肥的流失，同时探索因地制宜走有机与无机肥相结合。

市场对于农业生产发展的调节，主要通过产品流通来进行。优质、高效的农业产品，在有序的消费市场将逐步形成影响力和品牌效应，也在同类竞争中获得更大的价格优势。这种优势会反馈到生产环节。

三、农村生活污水处理与生活垃圾防治

从农村环境管理来看，我国农村环境保护工作起步晚、起点低，管理基础较为

薄弱；农村环境保护法律、法规及标准体系不完善；农村环境监管体系不健全；农村环境污染治理缺少政策和资金支持，市场化机制难以建立。特别是国家层面对农村环境污染防治缺少技术政策引导和技术评价，各类农村环保技术鱼目混珠，缺少规范和评价，也影响到农村污染防治工作的开展。我们迫切需要从技术角度对农村生活污染防治工作进行规范和指导。

一些权威部门的信息表明，中国农村污染日渐严重。目前中国共有266.6万个村庄、59.7万个行政村。农业部的数据显示，中国农村每年生活垃圾量接近3亿吨，94%的乡镇村社污水采取自出随排方式，每年有超过6 000万吨的生活污水直接排放。住建部的数据显示，2010年，中国农村污水处理率只占村庄总数的6%，垃圾无害化处理率只有5%。

在经过近一年时间的调查研究和广泛征求意见基础上，2010年2月，环境保护部制定发布了《农村生活污染防治技术政策》，从宏观技术层面上指导农村开展污染防治工作，解决我国农村生活污染中的突出问题，改善农村环境和村容村貌，推动社会主义新农村建设。

《技术政策》的制定，主要用于指导农村生活污染防治的规划和设施建设，重点解决由生活污水、生活垃圾、粪便和废气等所引起的农村生活污染问题。

《技术政策》总则中明确提出了3条主要技术路线和原则。借鉴城市在工业污染防治领域应用行之有效的技术思路，并体现清洁生产理念，提出了源头削减、全过程控制污染的技术路线；分析城市生活污染防治集中处理模式，并充分考虑城市与农村生活污染防治工作的差异性，提出了以分散处理为主、分散处理与集中处理相结合的原则；利用已有环境污染处理设施，整合多方面公共资源，提出了建立县(市)、镇、村一体化的生活污染防治体系技术路线。

【案例导引】

破解垃圾围村，建设美丽乡村

广西南宁市那陈镇那坛坡村农民李加礼如今有了新头衔——村里首位保洁员。村民把自家垃圾简单分类归集后，他负责二次分类，将有害有毒垃圾分开堆放，累积一定量后转运至乡、县垃圾回收站统一处理。

原先城里常见的保洁员，如今逐渐出现在各地农村，这正是十部门开出的治理农村垃圾首剂药方——建立村庄保洁制度，尽快建立稳定的村庄保洁队伍。

中国城市建设研究院总工徐海云说，农村设保洁员，有钱的村庄可以聘请专业保洁公司“入村”，没钱的村庄可以付费给村民当保洁员，更穷的村子也可以设公益岗位村民轮流值日。最关键的还是要倡导改变乡村生活陋习。徐海云建议，中国农村千差万别，不能“一刀切”推行一个模式，特别是一些县域面积大、经济欠发达的县市，不能超越经济发展阶段，盲目推行全收全运集中处理。如四川、广西等地，适合推行源头分类减量、适度集中处理模式。

［**案例点评**］农村环境一旦破坏，再恢复会很难；农村的美一旦消逝，人们的乡愁也将无处寄托。围村的垃圾，既有来自农业生产方面的污染，也有来自城市和工业的污染。推根究源，部分人随处乱倒、随手乱扔、随意排放的不良习惯，农村基础设施、公共服务等方面长期存在欠账，农村环境卫生管理与监测体系处于空白，无不是肇祸之因。

(一)生活垃圾对农村环境的污染

1. 水源污染

生活垃圾是导致水源遭受污染的主要原因之一，同时大部分农村地区的排水系统还不够完善，致使大面积的水体污染严重。这种现象在我国西南部地区尤为严重，比如九寨沟，其每天都会迎来数不胜数的游客，其中一些缺乏环保意识的游客在观赏美景的同时会留下与美景不相容的“记号”——塑料饭盒、瓜皮果壳等垃圾随意丢弃，同时当地饭店旅馆的垃圾制造量也是与日俱增，这使得原本就脆弱的原生态遭受重创，清澈的小河不再清澈，这对日后旅游业的发展也是一种阻碍。

2. 生态受损

生活垃圾如若不能分解，且未能及时处理，将会严重污染土壤，破坏生态，比如重金属、废旧电池等。同时农村常常是将生活垃圾长期堆置在某一处，这不仅浪费了土地资源，还会引来老鼠、害虫以及一些病原体，严重破坏了当地的生态环境。在旅游旺季，游客来来往往，繁忙之时更是对游客以及当地饭店旅馆丢掷的垃圾无暇顾及，长此以往垃圾成堆，给细菌滋生提供了场所，致使垃圾腐烂，破坏生态，制约了农村未来的旅游发展。

3. 景观破坏

生活垃圾会给农村景观形象带来不利的影响是毋庸置疑的。在云南一些农村旅游景点，原本狭小的乡间小道因来来往往的游客而变得繁华热闹，与此同时，汽车尾气、生活垃圾也随之增多，路边不仅仅是绿色的植物，其间还掺杂着各种颜色的垃圾，与周围的自然景观很不协调。

(二)农村污染面临的治理问题

1. 垃圾数量剧增,治理难以到位

随着农村经济水平的提高,农民的生活消费水平也不断提升,而大多数消费品都来自于工业产品,比如一次性包装袋、一次性筷子等,尤其在发展旅游业的农村地区,因来往的游客多,每天此类的生活垃圾更是以飞快的速度增加,根本来不及清理,久而久之就会疏于管理。

2. 农民环保意识不强,污染防治措施缺位

近几年,由于我国将环保工作重点放在城市,农村环境的保护工作相对落后,缺乏完善的管理体系。同时农民的环保意识也不够强,致使农村没有相应的污染治理措施,也缺少清理垃圾的设备。这些都严重制约了农村环境的治理。

3. 财政投入不充足

目前大多数农村都缺乏相应的环保基础设施。由于农村政府的财政水平有限,没有能力完善治理生活垃圾的相关设施;同时上级政府对农村环境疏于管理,没有相关的资金投入:致使农村治理环境的水平日趋落后。

(三)生活垃圾的防治对策

1. 加强政府的管理工作

在我国,对于农村环境的保护较为落后,既没有足够的相关文献,也没有完善的法律法规,在监管体系方面也不够健全,再加上没有足够的资金进行支撑,所以想要走向市场化尤为困难。2010 年的“技术政策”,由环保部制定,从技术方面对农村污染的治理提供了指导,对于解决农村污染问题,改善农村面貌,推进新农村的建设起到相当重要的作用。

2. 改进治理环境的方法

对于农村生活垃圾和污水的治理方法,主要是进行分散处理,再辅以集中处理的方法,推广快速过滤、湿地、氧化塘等技术以及要求每家都建立沼气池等处理设备。

3. 加强环保的宣传工作

通过对生活垃圾和污水治理的大力宣传,加强老百姓的环境保护意识,改变当地领导人的政绩观念,把环境保护与经济发展放到相等的位置上,都作为干部的考核标准。有些地区环境污染特别严重,可以特事特办,领导干部能“一票否决”,让

领导真正地重视起来。当然，政府部门还需要继续加强对环境保护的宣传力度，广泛发动群众参与到环境保护中来，提高群众对于环境保护工作重要性的关注和理解，从而建设一个更加美好的新农村。

（四）农村生活污水处理模式

我国农村风俗习惯、人口、自然、经济及社会条件差异大，单一的污水处理模式不能达到农村生活污水达标处理的目的。根据我国农村基本国情，生活污水处理大致形成3种模式，即分散处理模式、村落集中处理模式和纳入城镇排水管网模式。

1.分散处理模式

分散处理模式，即单户或几户，采用小型污水处理设备或自然处理形式处理生活污水，其适用于人口密度稀少、地形条件复杂、污水不易集中收集的村庄污水处理。目前，庭院式分散处理-街道式局部集中就地处理采用较多。

2.村落集中处理模式

2009年，我国提出"连片治理"模式，连片村庄有如下3种形式：

①对地域空间相连的多个村庄，通过采取措施实施综合治理。

②围绕同类环境问题或相同环境敏感目标，对地域上互不相连的多个村庄进行同步治理。

③通过建设集中的大型污染防治设施，利用其辐射作用，解决周边村庄的环境问题。该模式适用于污水排放量较大、人口密度大、远离城镇的地区。该处理模式，与污水处理站类似，通常采用生物与生态组合处理等工艺形式。

3.纳入城镇排水管网模式

城镇近郊区的农村，经济条件较好，能直接接入市政污水管道的生活污水，可选择纳入城镇污水管网，进行统一集中处理。该方法具有投资省、施工周期短、见效快和统一管理方便等优点。

因此，应根据村庄所处地域、人口规模、聚集程度、地形地貌、排水特点及排放要求，结合当地经济承受能力等，采用适宜的污水收集和处理模式进行农村生活污水处理。

靠近城市的城镇或村庄生活污水可以并入城市集中式污水处理厂，远离城市的村庄因其独立性和分散性等特点，可以灵活组合生物＋生态处理技术，如"化粪池＋潜流式人工湿地"工艺的庭院式污水处理技术或"强化一级处理＋生物处理＋人工强化生态净化"工艺的分散式处理技术等。

因地制宜,选择合适的工艺,做到“建得起、用得起、管得好”应注重设备美观化,综合生态效益和环境美学效应也是发展趋势。

2013 年 11 月 11 日,为规范环境保护和污染治理工程建设与投资工作,环境保护部制定了《农村生活污水处理项目建设与投资指南》《农村生活垃圾分类、收运和处理项目建设与投资指南》《农村饮用水水源地环境保护项目建设与投资指南》和《农村小型畜禽养殖污染防治项目建设与投资指南》等四项指导性文件。

在 2014 年 11 月 18 日召开的全国农村生活垃圾治理工作电视电话会议上,住房和城乡建设部部长陈政高提出,全面启动农村生活垃圾 5 年专项治理,使全国 90%村庄的生活垃圾得到处理,基本扭转农村环境脏乱差的局面,并形成农村生活垃圾治理的长效机制。

四、系得住乡愁

【案例导引】

文化传承型美丽乡村:河南省洛阳市孟津县平乐镇平乐村

平乐村地处汉魏故城遗址,文化积淀深厚,因公元 62 年东汉明帝为迎接大汉图腾筑“平乐观”而得名。该村以农民牡丹画而闻名全国,农民画家已发展到 800 多人。“一幅画、一亩粮、小牡丹、大产业”,这是流传在河南省孟津县平乐村村民口中的一句新民谣。近年来,平乐村按照“有名气、有特色、有依托、有基础”的“四有”标准,以牡丹画产业发展为龙头,扩大乡村旅游产业规模,探索出了一条新时期依靠文化传承建设“美丽乡村”的发展模式。

千百年来,平乐村民有着崇尚文化艺术的优良传统。改革开放后,富裕起来的农民开始追求高雅的精神文化生活,从事书画艺术的人越来越多。随着牡丹花会的举办和旅游业的日益繁荣,与洛阳有着深厚历史渊源而又雍容华贵的牡丹成为洛阳的重要文化符号。游人在观赏洛阳牡丹的同时,喜欢购买寓意富贵吉祥的牡丹画作留念,从事书画艺术的平乐村民开始将创作主题集中到牡丹。

经过二十多年的发展,平乐农民画家们的牡丹画作品远销西安、上海、香港、新加坡、日本等地,多次参加各种展览并获奖。2007 年 4 月,平乐村农民牡丹画家自愿组建洛阳平乐牡丹书画院,精选 120 余幅作品在洛阳市美术馆隆重举办了农民书画展,展示了平乐牡丹画创作的规模和水平。

“小牡丹画出大产业。”如今的平乐,已拥有国家、省市画协、美协会员 20 多名,牡丹画专业户100多个，牡丹绘画爱好者300余人，年创作生产牡丹画8万幅，销售收入超过500万元。2007年，平乐村被河南省文化厅授予“河南特色文化产业村”荣誉称号，平乐镇被文化部、民政部命名为“文化艺术之乡”。中共河南省委书记徐光春先后两次就平乐牡丹画产业发展作出批示。

（资料来源：http://www.cxhyplan.net/zhuanti/mlxc/list/list3_5.html）

[案例点评] 在具有特殊人文景观，包括古村落、古建筑、古民居以及传统文化的地区，适合建设文化传承型美丽乡村，其特点是乡村文化资源丰富，具有优秀民俗文化以及非物质文化，文化展示和传承的潜力大。

(一)乡风民俗的传承

具有数千年村落文化历史的中国乡村孕育了许多优秀的风俗礼仪和文化传统，这些“乡风礼俗”流传于中国乡土社会的各个角落和各种场合，“人们依礼而行，循俗而做”。

乡风，是指“特定乡村内的风土气候、风尚习气、风采气度，即乡村的风气”。

①是乡村人们的信仰、观念、操守、爱好、礼节、习俗、习惯、行为和生活方式的总和。民俗，是指“人民创造、享用的生产习俗、生活习俗、文化活动、社会组织、信仰与迷信等的文化传承”。

②是特定区域的人们在长期的生活生产实践中所形成的并传承于世的风俗习惯。乡风民俗，即乡村社会的风气、风俗、风尚，是乡村区域内的人们在长期的生活生产实践中形成，经过历史积淀传承、为乡村内人们所遵循的信仰观念、生活习惯、行为方式、规则制度的总和。乡风民俗来源于民众的生产生活，是广大民众“在长期的生产生活实践中创造并提炼的感性生活情态和艺术样式，是民众对自己生存物质和生命繁衍获得保障而需求信仰和想象的物质与精神结晶”。

改革开放以来，我国的现代化建设取得了举世瞩目的成就，然而随着城镇化进程的不断推进，社会急剧转型带来了社会价值规范的极大变化，部分丑恶现象不断冲击社会道德底线。传统“乡风礼俗”中的“尊尊亲亲”、“患难相恤”等良好风气，伴随着城乡社会结构变迁而在很多地方逐渐式微。事实上，一个现代城市社会的繁荣稳定离不开优良传统习惯和乡村礼俗的支持和帮助。由工业化、现代化、信息化而至的城市(镇)化，必须包容、吸纳、融合乡村文明，才能真正实现城市的繁荣稳定和持续发展。

乡风习俗是一个地域的生活文化，是农村精神家园的底色。乡风民俗作为农村社会与文化中固有的部分，型塑着村民的思维观念、行为方式、社会组织和结构形态，包裹与渗透乡民的整体生活和整个生命过程。乡风民俗既是一种不断沉积与传承的传统之物，具有稳定的结构属性和构成，也是一种能随着时代的演进而变迁的现代创造，具有流动的变异特征，从而为乡风民俗的现代改造留下了一定的空间。

推动农村精神文明建设，树立良好社会风气，既是推动社会主义核心价值观在农村落地生根的必然要求，也是深化美丽乡村建设的有效途径、完成脱贫攻坚任务的重要抓手。中国要美，农村必须美，以美丽乡村建设为主题深化农村精神文明建设，对提高农民文明素质和农村社会文明程度具有重要意义。近年来，各地按照中央决策部署，大力加强农村精神文明建设，广泛开展社会主义核心价值观教育实践，农民精神文化生活得到了有效改善，农民文明素质和农村文明程度明显提升。同时也要看到，对照建设美丽乡村的要求，一些地方诚信缺失、厚葬薄养、铺张攀比等现象突出，一些农村文化建设还相对滞后，必须进一步加强农村精神文明建设，推动移风易俗，培养新型农民，树立文明乡风。

核心价值观是最持久最深沉的力量。推动农村精神文明建设，关键是坚持以社会主义核心价值观为引领，统筹推进农村的各项文化工作。一方面，要密切联系农村生产生活实际和农民群众思想实际，找准工作载体抓手，深化文明素质教育，加强移风易俗宣传和舆论监督，发挥文艺作品敦风化俗的作用，培育新型农民、优良家风、文明乡风和新乡贤文化，推动乡风民风美起来；另一方面，要充分发挥群众性精神文明创建活动移风易俗、改造社会的重要作用，依托文明村镇创建形成鲜明导向，依托传统节日弘扬文明风尚，依托重点人群抓好示范带动，让文明新风融入农村生产生活的各个方面。此外，还要大力推动农村文化繁荣发展，加快构建农村公共文化服务体系，落实农村文化惠民工程，把农民群众的基本文化权益实现好维护好发展好。

（二）乡村手工艺焕发新生机

在漫长的历史长河中，人类始终凭借着智慧和双手，根据生活和生产的需求，利用当地的自然资源，制造出了无数优秀的实用美观的传统生活工艺品，同时形成了世界性的产业。世界各国珍贵的传统手工艺品可以称得上是国家和民族传统生活文化的象征。无论过去、现在，还是将来，世界传统手工艺产业，都是形成地域生活文化的核心组成部分。传统手工艺沉积着特定的历史时代和地域环境下形成的价值观念和审美意识。富有特色和个性的传统手工艺产业在世界文明史上做出了无与伦比的历史性贡献。

第三次产业革命的浪潮，再次使人们对世界划一的工业产品进行反思，对充满智慧和具有浓郁的生活气息文化特色及个性的传统生活手工艺品之用和美，加以再认识和新发现。以日本为例，1950 年日本从保护民族文化和扩大出口的立场出发，制订了《文化财保护法》，把传统手工艺作为无形文化财产加以保护。

传统手工艺产业是大工业文明以前世界规模的产业。传统手工艺产业历史悠久，特色鲜明，是世界文化的宝库。但随着现代工业时代物质文明的发展，世界各国的传统手工艺产业受到严重冲击，一些优秀的传统手工艺产品，尤其是民间艺术已经和正在消亡、失传。这一世界性的问题日益受到社会的关注。这是由于传统手工艺有如下特点：

(1)有鲜明的传统文化特点，是一个国家、地域、民族的象征。

(2)用与美的统一，充满浓郁的生活情趣，能满足人们的物质精神生理和心理的需求。

(3)利于保护环境，就地取材，取之自然，回归自然。利用自然材料生产物质的生活用品，在生产和消费过程中很少产生污染，这是与自然共生，循环型经济社会中代表性产业。

(4)充满智慧，脑体结合。

(5)富于个性和感性。

(6)由于传统手工艺产品全过程都为手工制作，因此有很强的人与物的亲和力及舒适性

(7)传统手工艺产品具有“五和”的特点，即：现代与古代的调和；匠心与技术的调和；文明与文化的调和；作者与消费者的调和；人与自然的调和。

(8)传统手工艺产业规模零星、投入少、上马快，由于是劳动密集型产业，就业面宽。历来是地方经济的重要组成部分，因此对促进社会安定也有重要意义

(三)我国地域传统手工艺产业的优势和机遇

我国的传统工艺产业历史悠久、技艺高超、门类齐全、品种丰富，在世界上享有盛誉。但在漫长的历史中，尤其近 200 年里历尽坎坷。新中国成立后得到了全面恢复和发展，改革开放后又迎来了新的春天。随着全球经济一体化，我国的经济由计划经济向市场经济过渡，传统工艺产业既迎来了新的发展机遇，又面临新的严峻挑战。为此，我们必须重新认识我国传统手工艺产业的历史地位、特色和优势，必须充分认识新的发展方向和机遇：

(1)我国有占世界 1/4 人口的最大的消费市场。

(2)我们有丰富的人才资源。

我国现有的中小企业，门类齐全，占全国企业总数 99%，仅家具企业就有 7 万家，200 万从业人员，室内装饰企业 4 万家，仅工艺美术行业就有 430 万从业人员，

有160名国家级大师，1 400名高级工艺美术大师，轻工的就业、总产值、出口均各占全国的1/3。

(3)有悠久的文明历史，有丰富的历史文化遗产和自然资源遗产可借鉴应用。

(4)科教兴国战略的实施，为构筑人才高地奠定了基础。近10年全国设计艺术教育如雨后春笋迅速发展，到2000年12月底止我国现有设计艺术及相关学科点840个，估计近二年将超过1 000个，每年有数十万人报考，为我国设计艺术事业的发展奠定了人才基础。

(5)随着全球经济一体化、我国成为世界旅游大国以及人们消费观念的改变，人民生活水平提高，需求多样化，对地域传统手工艺产业的振兴带来了史无前例的发展机遇。

据国际旅游业预测：到2020年，中国将成为世界旅游国之最，旅游将成为我国新的经济增长点。

2014年，中国青年报社会调查中心通过民意中国网和搜狐新闻中心，对2 840人进行的调查显示，99.2%的人喜欢民间传统手工艺品，73.1%的人认为，传统手工艺品是中华民族的智慧结晶。不过，仅19.0%的人经常购买传统手工艺品，58.0%的人表示传统手工艺品已经越来越少见。

五、大力推进美丽乡村建设

“故乡的歌是一支清远的笛，总在有月亮的晚上响起。故乡的面貌却是一种模糊的怅惘，仿佛雾里的挥手别离。离别后，乡愁是一棵没有年轮的树，永不老去。”席慕蓉的一首《乡愁》，让我们平添了几分对故乡的怀恋、愁绪和怅惘。每个人都有自己的故乡。但据调查，我国的自然村10年前有360万个，现在只剩270万个。习近平总书记曾多次提出，城镇建设要“望得见山、看得见水、记得住乡愁”，“实现城乡一体化，建设美丽乡村，是要给乡亲们造福，不要把钱花在不必要的事情上，比如说‘涂脂抹粉’，房子外面刷层白灰，一白遮百丑。不能大拆大建，特别是古村落要保护好。”这既是要求，也是期许。因此，各地在建设新农村、打造新城镇的过程中，最主要也最迫切的任务就是如何让农村“留得住乡味”，如何让人们“记得住乡愁”。通过积极探索，总体规划，不断校正思路，稳步推进，在“取”与“舍”之间达到农村升级改造和乡愁保护的平衡。

(一)美丽乡村的规划与布局

财政部农业司负责人说，从2016年起，中央财政按照每村每年150万元，连续支持两年，计划“十三五”期间全国建成6 000个左右美丽乡村，美丽乡村依然是未来几年国家建设重点。11月，农业部科技教育司另一位负责人在美丽乡村建设技术创新联盟年会暨美丽乡村建设技术研讨会上指出，美丽乡村建设要发挥政府、社会和市场作用，统筹推进美丽乡村建设的路径、方法、模式。

1.产业发展型模式

产业发展型模式主要产生在东部沿海等经济相对发达地区的乡村，其特点是产业优势和特色明显，基本形成“一村一品”、“一乡一业”，实现了农业生产集聚、农业规模经营，农业产业链条不断延伸，产业带动效果明显。

2.生态保护型模式

生态保护型模式多在生态优美、环境污染少的地区，自然条件优越，水资源和森林资源丰富，具有传统的田园风光和乡村特色，生态环境优势明显，把生态环境优势变为经济优势的潜力大，适宜发展生态旅游。

3.城郊集约型模式

城郊集约型模式主要存在于大中城市郊区，其特点是经济条件较好，公共设施和基础设施较为完善，交通便捷，农业集约化、规模化经营水平高，土地产出率高，农民收入水平相对较高，是大中城市重要的“菜篮子”基地。

4.资源整合型模式

资源整合型模式主要在沿海和水网地区的传统渔区，或者在我国牧区半牧区县（旗、市），或者其他农业资源发达地区，产业以渔业或者牧业，或其他农业资源为主。

5.高效农业型模式

高效农业型模式主要在我国的农业主产区，其特点是以发展农业作物生产为主，农田水利等农业基础设施相对完善，农产品商品化率和农业机械化水平高，人均耕地资源丰富，农作物秸秆产量大。

6.休闲旅游型模式

休闲旅游型美丽乡村模式主要是在适宜发展乡村旅游的地区，其特点是旅游资源丰富，住宿、餐饮、休闲娱乐设施完善齐备，交通便捷，距离城市较近，适合休闲度假，发展乡村旅游潜力大。

7.文化传承型模式

文化传承模式是在具有特殊人文景观，包括古村落、古建筑、古民居以及传统文化的地区，其特点是乡村文化资源丰富，具有优秀民俗文化以及非物质文化，文化展示和传承的潜力大。

2013年,财政部将美丽乡村建设作为一事一议财政奖补工作的主攻方向,从今年起启动美丽乡村建设试点。美丽乡村建设试点的基本原则:一是坚持以人为本,尊重农民主体地位。要始终坚持议字当先,严守一事一议民主议事程序,尊重农民主体作用,调动农民参与美丽乡村建设的积极性,让美丽乡村建设成果惠及广大农民。二是坚持规划引导,突出地域特色。立足农村经济社会发展实际,依托自然地理条件,适应资源禀赋和民俗文化差异,突出地域特色,因地制宜,因势利导,科学编制美丽乡村建设试点规划。三是坚持试点先行,重点突破。鼓励各地结合实际先行先试,突出重点,统筹协调,在局部地区取得重点突破和经验模式后再逐步推开。四是坚持多元投入,整合资源。充分发挥一事一议民办公助和财政资金"四两拨千斤"作用,加大资金整合力度,集中力量办大事。五是坚持以县为主,统筹推进。继续完善一事一议财政奖补"以县为主"的工作机制,发挥县级在美丽乡村建设中的组织规划、指导协调和管理监督等责任,形成齐抓共管、协同配合的工作格局。六是坚持改革创新,完善制度机制。深化乡村治理和公共服务供给保障机制等改革,创新适应美丽乡村建设的体制机制。

科学编制美丽乡村建设试点规划。根据本地区域差异特征,综合考虑地理、文化、资源禀赋、经济发展水平等因素,实行差别化美丽乡村建设路径。结合县域总体规划和城镇发展规划,加快供水、污水处理、垃圾收集处理等专项规划向周边农村延伸,按照生活宜居、环境优美、设施完善的要求,区分不同村庄类型,因地制宜探索相应的建设标准和模式。

中国的村落文化不仅表现在山水风情自成一体,特色院落、村落、农田相得益彰,形成的独特村落景观,更主要地表现在村落所具有的信仰、道德,村落所保存的习俗,村落所形成的品质和性格。

财政部数据显示,2013—2014年,各级财政累计投入192亿元在美丽乡村建设上,一批宜居宜业宜游的美丽乡村成为当地经济社会发展的品牌名片。

习近平总书记曾多次提出,城镇建设要"望得见山、看得见水、记得住乡愁","实现城乡一体化,建设美丽乡村,是要给乡亲们造福,不要把钱花在不必要的事情上,比如说'涂脂抹粉',房子外面刷层白灰,一白遮百丑。不能大拆大建,特别是古村落要保护好。"这既是要求,也是期许。因此,各地在建设新农村、打造新城镇的过程中,最主要也最迫切的任务就是如何让农村"留得住乡味",如何让人们"记得住乡愁"。通过积极探索,总体规划,不断校正思路,稳步推进,在"取"与"舍"之间达到农村升级改造和乡愁保护的平衡。

现代文明和古朴乡愁并不冲突,相反,结合得当还能相辅相成,相得益彰,现代文明成果的运用可以让古朴乡愁更理想、更完美的呈现，而古朴乡愁的积淀又可以让现代文明更有韵味、更富历史色彩。因而，各地塑造的“美丽乡村”的美，既要在现代文明的推动下追求“外在美”，更要在古朴乡愁的点缀下追求“内涵美”。

外在美可以体现在村落布局、建筑风格、房屋色调等，在顺应古朴村落的传统肌理的基础上，积极运用新科技、新材料、新装备，实现绿色生态转型，尤其对于一些历史感比较强的古村古镇，尽量保持原来的风貌、原来的本真，原汁原味的修复、改造和升级；而内在美则要注重保留农村的传统文化和传统特色，特别是一些古树、古井、古桥、古楼牌等代表性的“文化符号”，要坚决保留，还有流传的民间艺术、传说故事、民风民俗等更要继承发扬，着重凸显农耕文明艺术文化的无穷魅力。

(二)居民建筑规划

传统村落，承载着历史的基因，是许多人儿时的家园。乡村居住改造与更新设计，应当依据地域文化和乡村居住的实际功能，充分利用原有民居及其村落布局形态，充分运用现代建筑的技术手段和新能源新材料新工艺及环保节能的综合设计，进行新旧结合的更新改造。与此同时，进一步完善乡村商业布局以及教育、医疗及文体娱乐和养老等综合服务配套设施的建设，以此来改善和提升乡村居住与生活的整体品质。以现代产业农业及农产品精加工业为核心的农村产业结构布局为依据，以大力推广现代农场、集体农庄和私人租赁农庄及农产品市场销售网络的建设为抓手，重新定位乡村农业生产配套及服务设施建设的合理功能布局，是乡村更新改造设计的重要任务之一。只有将乡村风貌保护与更新改造问题纳入到城镇与乡村建设的整体功能布局中去思考，才能真正获得机会和成效。

乡村建设的空间布局、肌理、尺度及形态设计是乡村更新设计中需要认真研究和解决的问题。乡村改造与更新设计中的空间布局与形态设计很大程度上是由其特定的自然条件、人文因素和整体功能定位所决定的，这也是不同地域的乡村在空间与形态上形成各自不同的风貌与风格特征的主要依据。如何在城、镇、村的空间秩序编排与形态布局之间形成有机的联系，以及城、镇、村之间交通构联的组织方式和水系改造及绿色廊道的设计等，都是乡村更新设计中需要重点考虑的问题。

住建部总经济师赵晖表示，到 2020 年我国力争实现乡村规划基本覆盖，结束农村无规划、乱建设局面。住建部 2015 年全面启动推进乡村规划工作。而中办、国办本月印发的《深化农村改革综合性实施方案》也提出，要“尽快修订完善县域乡村建设规划和镇、乡、村庄规划”。赵晖透露，到 2020 年全国所有县(市)区都要编制或修编县域乡村建设规划，大幅提高乡村规划覆盖率，农房建设依规划实施管理，村庄整治要有基本安排。

"美丽乡村"建设对村落规划提出了很多的新要求，如加大力度进行配套设施的完善、村庄特色与乡土风情的保护、生态文明的建设、环境卫生的改善、村容风貌的提升。

确保各项规划的衔接，首先要做到总体规划、土地利用规划与产业发展规划三规合一，以及和各专业规划的衔接。公共设施规划满覆盖，包括幼儿园、中小学、卫生员、福利院、文化站、工商所、派出所、司法所都要落上去。第三，合理设定规划弹性区，很多规划完了发展快了怎么办？大家都在争建设用地，我们就是按照人口和产业的发展，设立合理规模的弹性区，刚性区满足5～10年，弹性区留足长远，刚性区放建设用地，弹性区放一般农田。总体要这样的技术操作。

三位一体的乡村建设共分为三部分进行，分别为：改造建成环境、扶植经济产业、重构社会组织。

美丽乡村建设规划理论。其核心内容是，按照产业经济、社会文化、空间环境"三位一体"的指导思想，遵循适合环境、适用技术、适宜人居的"三适原则"，把控好乡域、村域和村庄建设的"三个层面"进行规划和设计。

分布在大江南北的广袤乡村，是中华农耕文明的主要诞生地。散落在山水田园间的乡村建筑，更是农耕文明的重要物质载体，它们身上蕴含着丰富的历史、科学和艺术价值，最能展现人的生存智慧、表达所在乡村的个性特征。然而，在过去十多年的城镇化进程中，因盲目迁建、复建或兴建人造景观，一些乡村建筑原有的历史风貌格局被迅速肢解，造成一些地方的乡村特色缺失、"千村一面"现象严重。

【案例导引】

河北魏县新民居的做法

大力推进农村新民居建设是农村改革发展的一项重点工作。河北省魏县作为国家扶贫开发重点县、全省第一人口大县，在推进新民居建设中，大胆创新，积极探索，运用"细算五笔账、推行六种模式、坚持三个原则、用好六个渠道、培育一项产业"工作法，有效破解了建设过程中遇到的各种难题，切实加快了新民居建设进度，走出了一条符合农民意愿、体现地方特色的科学创建新路子。

一、细算五笔账，解决"建与不建"的难题

提高农民群众对新民居建设思想认识、激发起农民群众的主体意识是建好新民居的前提。

一是重复建设浪费账。

由于房屋结构老套落后，建设质量不高，造成农村房屋“寿命”短，平均 15 年左右就要翻新，频繁拆建造成很大浪费。新民居设计新颖，且采用新型节能材料，至少几十年不用再翻新，一次投资，几代受益，可摆脱一生忙于拆屋建房的怪圈。

二是腾出土地增收账。

新民居建设由于规划控制、标准统一，能节省出一定数量的土地。节省出的土地用于发展种植、养殖和加工业等，可促进增收致富。

三是统一购置节省账。

新民居建设实行物料统一招标、集体采购，可把价格压到最低，且直接运到每家每户，能大大降低成本。

四是建筑质量保障账。

新民居坚持高标准建设，新型节能材料抗震性强，质量有保障。

五是幸福指数提高账。

新民居建设以“舒适宜居、方便现代”为原则，户户临街，家家朝阳，美观、宜居，并且高标准规划建设超市、学校、幼儿园、文化广场、村民服务中心、村卫生室等，农民能像城里人一样生活。

二、推行六种模式，解决“建要怎么建”的难题

科学制定建设规划，是新民居建设顺利推进的重要基础。

一是滚动发展模式。

即针对全县大部分村一次性投入能力不足的实际，按照统一规划、统一配套、统一样式、统一标准、统一招标、统一建设的要求，先建造一至两条新街道，凡新建房户，实行联户建设，第一条新大街建满后，再建设第二条街，滚动发展建设新民居。

二是旧村改造模式。

即对基础较好的村，按照统一规格和要求，对农民住宅进行改造，提高建设档次，规划完善配套设施，将旧村改造成新村。

三是城郊对接融合模式。

即对城中村和近郊村，结合县城建设规划进行拆迁改造，建设以多层居民楼为主体的新型社区，达到与县城规划匹配统一。

四是搬迁重建模式。

即对改建难度大、村“两委”班子和群众积极性高、位于堤道内或受污染严重不适宜居住、重大项目占地拆迁的村庄，实施整村搬迁。

五是村庄合并扩建模式。

即以基础较好的中心村为基础，大村扩容、周边小村撤并，共同组建新社区。

六是村企共建模式。

即依托企业在当地的地缘优势，由有实力的企业家投资兴建，实现村庄整体新建、企业拓展空间的合作共赢。

三、坚持三个原则，巧解“地从哪里来”的难题

推进新民居建设，“用地难”是摆在各地面前的一道难题。

一是整理利用。

充分利用村庄原有建设用地、空闲地和废弃地，在原址进行滚动开发改造，边拆边建，尽量不占或少占耕地。

二是严控规划。

对新民居建设村规划面积严格控制，农村居民人均占地面积原则上控制在120 米^2 以内，推行一户一宅，多占收回。

三是灵活置换。

村内没有空闲地、废弃地、未利用地的，实行新旧宅基土地置换，按规划先行占用农用地进行建设，老宅基归村集体所有，暂时归原住户使用，原住户与村集体签订使用合同，保证对老宅基进行复垦或绿化，实现占补平衡。

四、运用六个渠道

加强水、电、路、学校等公益事业建设，完善村庄功能，是新民居建设的重要一环。

一是村民自筹一点。

在群众筹资筹劳的基础上，采取“一事一议”的办法，通过村民每人集资 20 元，上级按 1∶2 比例补贴，用于新民居基础设施建设。

二是政府出一点。

2009 年，在财政十分困难的情况下，县政府设立新民居建设奖补资金 300 万元，对新民居建设村以“先建先得益”为原则实行奖补。

三是上级贴一点。

积极向省、市争取财政奖补资金，在不违背政策的情况下，打捆沼气、饮水安全、乡村道路等各类农村专项资金，向新民居建设示范村倾斜，解决村庄产业发展、基础设施和公共事业配套资金不足的问题。

四是部门帮一点。

在市直部门对口帮扶的基础上，县政府组织财政、民政等有实力的 30 个县直

部门对口帮扶 30 个示范村，制定具体帮扶目标，一包到底。

五是银行贷一点。

灵活担保方式，鼓励银行向新民居建设提供信贷支持。

六是社会捐一点。

鼓励村内富裕户和在外工作经商人员捐款捐物，支持公益事业建设。

五、培育一项产业

新民居建设主要以农民自身投入为主，解决农民致富就业问题十分关键。

一是升级传统产业。

王营村把传统的果品种植业作为立村产业重点培育，为新民居建设提供了重要支撑。

二是发展特色产业。

蔡小庄村在新民居建设开始后，通过县农牧局技术人员的驻点帮扶，积极发展以大棚蔬菜种植为主的生态农业，发展大棚蔬菜种植 600 多亩，人均增收 1 000 元以上，为农民建设新民居提供了资金支持。

三是培育新兴产业。

皇小庄村通过"城中村"改造，置换出工业用地指标，大力发展新型建材工业，先后建起防水涂料厂、垃圾制砖厂等新兴工业项目，同时，大力发展餐饮、宾馆、物流等服务业，创造就业岗位 700 多个，人均月收入达到 2 200 元，促进了农民转为市民，新民居融入了新城市。

(三)美丽乡村建设试点基本原则

1. 坚持规划引导，突出特色

立足农村经济社会发展实际，依托自然地理条件，适应资源禀赋和民俗文化差异，突出地域特色，科学编制美丽乡村建设试点规划。

2. 坚持以人为本，体现民主

要始终坚持"议"字当先，严格农民民主议事程序，落实农民主体作用，把维护好农民利益放在第一位。

3. 坚持试点先行，重点突破

鼓励各地实际先行先试，在局部村点取得重点突破和经验模式后再逐步推开。

4. 坚持多元投入，整合资源

充分发挥财政资金"四两拨千斤"作用，鼓励农民和社会各界投入美丽乡村建设，形成多元投入格局。加大资金整合力度，集中力量办大事。

5.坚持以县为主，统筹推进

继续发挥一事一议财政奖补以县为主的工作机制优势，发挥县级政府在美丽乡村建设中的组织规划、指导协调和管理监督等责任，形成齐抓共管、协调配合的统筹推进机制。

抓好规划编制。按照全域理念，着眼长远发展，修编完善全县乡(镇)村庄布点规划，科学确定中心村、需要保留的自然村，每个行政村原则上规划建设1个中心村。围绕“三区一园”“四类村”和农村产业发展，进一步完善村庄产业规划。按照尊重自然美、注重个性美、构建整体美要求，不搞大拆大建、不求千篇一律、不搞一个模式、不用城市标准和方式建设农村，做到依山就势、聚散相宜、错落有致，编制美丽乡村建设规划。在规划编制、实施过程中，充分考虑人口变动、产业发展等因素，预留建设发展空间，引导农户向中心村集中，新建房屋宅基地面积不得超过政策规定标准，严禁村庄规划区外新建房屋。

2014年3月28日，住房城乡建设部发布了《关于做好村庄规划、镇规划和县域村镇体系规划试点工作的通知》，这意味着我国正式开启了对县(市)域村镇体系规划编制方法和村庄建设办法的探索之路。

我国的土地利用规划已走过近30个年头，目前已经形成“国家、省、市、县、乡”五级规划体系，在实施土地用途管制、保护耕地、促进土地节约集约利用及日常土地监管中发挥了重要作用。2015年11月初，中共中央办公厅、国务院办公厅印发了深化农村改革的总体“施工图”——《深化农村改革综合性实施方案》，并将“探索编制村土地利用规划”绘入了这一“施工图”。

透过党的十八届五中全会可知，推动城镇公共服务向农村延伸，提高社会主义新农村建设水平，开展农村人居环境整治行动，建设美丽宜居乡村，将成为“十三五”时期的一个重要任务。在这一时点上，提出在农村居民经济社会活动基本单元的村层面上做好土地利用规划，这不只是为完善规划体制，更重要的是为建设美丽宜居乡村服务。

首先，规划定位应当遵循上位规划的统筹管控与约束。实际上，乡级土地利用总体规划对村范围内未来土地利用已经作了总体安排，特别是耕地保有量、基本农田保护面积、村庄扩展规模等重要规划指标已有明确要求，其中耕地及基本农田已基本落实到图斑。城乡规划、环境保护规划也对村庄布局及重要生态保护区作出了总体安排。因此，编制村土地利用规划，应在乡镇土地利用总体规划控制下，综合考虑城乡规划、环境保护与生态建设、各类基础设施建设规划等相关规划的要求，对村范围内各项土地利用进行统筹安排。特别要注重落实永久基本农田保护、生态保护等红线。

其次，规划目标要体现全面建成小康社会要求。现阶段编制村土地利用规划，需要针对农村在经济发展、社会建设、人居环境治理等方面的薄弱环节，着力缩小城乡差距。特别是要在保障产业发展、村民生活、社区建设等的合理用地需求的基础上，将提升农村人居环境质量、推进基本公共服务均等化等涉及的必要用地给予安排，让规划真正成为建设美丽宜居乡村的美好蓝图。

再其次，规划内容应涵盖多要素。党的十八大以来，中央针对我国目前空间规划体系存在的诸多问题，开展市、县层面的“多规合一”试点，并取得了积极进展，为空间规划体制改革奠定了实践基础。无疑，在基层规划编制上，“多规合一”是未来规划体系变革的必然趋势。因此，编制村土地利用规划，需要针对村拥有土地所有权的所有土地进行全覆盖总体安排，合理划定生产、生活、生态等各类空间，确定各类农用地、集体建设用地和宅基地。在村庄范围内用地安排上，需要注重住宅、产业、公共设施及相关开敞空间的统筹协调。此外，还应将必要的道路、水电设施、环保设施等一并纳入，真正形成综合性“一张蓝图”。

规划编制应强化村民参与和权益保护。在村级层面上，土地产权、土地利用方式及相关收益分配格局这一链条，将村民与土地紧密相连。因此，在村土地利用规划编制和实施中，强化村民参与、维护村民知情权和土地财产权益，尤为重要。无论是前期调查还是土地利用布局方案的确定，每个环节都应做到尊重民意、公开透明。唯有如此，才能编制出让村民高度认同、共同遵守的好规划，这一条也应成为评价村土地利用规划成果质量的重要条件。

(四)美化自己家的庭院

庭院美，一直是中国人一直追求居家之美，无论是南方粉墙黛瓦的菜地小院，还是北方高大宽敞的四合大院，这是中国自古农耕文化的一种体现。

景观设计师面对乡村庭院的设计，构成元素应来源于乡村生活，来源于自然，朴实无华，并蕴含一定的文化意义和地方精神，从而展现地方乡愁。一些古朴的物件经过艺术加工处理，便会有一种浓郁亲切的乡土气息。植物、石材、木、砖、陶等乡土自然材料，通过造景手法处理，也可以营造出独一无二的乡土庭院景观。如项链一样的乡村小路，曲折蜿蜒，让游客感受幽深之美。乡村小院没有了菜园是不完整的，带上孩子体验农耕园野的乐趣，欢声笑语，尽享乡间小乐。菜园有很多种既可采用小型花坛式栽培、篱棚式栽培，也可以用容器进行可移动式栽培。庭院散养的鸡、鸭、鹅等小动物，不仅是乡村庭院的重要构成元素，还是游客们休息娱乐的有趣伙伴。与乡村景观相协调的怎么能少了一些基本的休闲设施？粗糙的原木或者柳条桌椅，乡村风格的面料制成的桌布和抱枕，烛台、灯笼、复古风的陈旧的碎片、自然风的树桩桌面，乡村度假也许真的就让人上瘾了！

乡村庭院有别于城市里的庭院，不受地段限制，它们临山而建、临水而居，没有钢筋混凝土，更多的只有石块、竹子等，取材于自然，几乎零距离与自然亲密接触。

乡村庭院是乡村建筑外围的休闲场所，是乡村生活休闲的重要载体，富有乡土气息的乡村庭院能够展现乡村的闲情逸致，让人安闲自得，悠然地亲近乡村的小清新，回归到原始生态、质朴本真的生活本位上来。

乡村庭院景观的设计，要体现乡村生产向生活的过渡风貌，营造乡村特色的休闲感受。而乡村庭院景观的构成元素应来源于乡村生活，来源于自然，朴实无华，与当地的地域特征密切相关，并蕴含一定的文化意义和地方精神，从而展现地方乡愁。

水车、石墨、古井、古树、棚架等，经过简单的艺术加工，比如摆放形式、摆放位置等，就可以体现出浓郁的乡土气息。

植物、石材、木、砖、陶等乡土自然材料，通过造景手法处理即可以营造出独一无二的乡土庭院景观。

蔬菜也能成为一种乡土景观，在庭院里栽植一些既能饱眼福、又能饱口福的蔬菜是乡村庭院景观绿化的新趋势，既可采用小型花坛式栽培、篱棚式栽培，也可以用容器进行可移动式栽培，从而营造一种休闲农业的环境氛围。

庭院散养的鸡鸭鹅等乡村小动物，在为游客提供休闲之余，也成为一种独特的乡土庭院景观。

粗糙的原木或者柳条桌椅，乡村风格的面料制成的桌布和抱枕，烛台、灯笼、复古风的陈旧的碎片、自然风的树桩桌面，共同营造了与整体庭院乡土景观相协调的乡村休闲设施，或饮茶而座，或休闲小憩，远离城市喧嚣，静享那不可多得的舒适轻松的乡村生活。

这些乡风淳朴、陈旧的桌椅、座榻等，除了是一片淳静的休闲天地之外，也是一种融于乡土环境的特色庭院景观。

参考文献

[1] 纪绍勤,文承辉.新型职业农民典型风采.北京:中国农业出版社,2016.

[2] 林海,张现丛,黎奕芳.农民素养与现代生活知识读本.北京:中国农业科学技术出版社,2016.